# Der Hund am Fallschirm

Streifzüge durch die Frankfurter Geschichte

von

Thomas Scheben und Matthias Zimmer

SOCIETÄTS**VERLAG**

Herausgegeben im Auftrag der
Gesellschaft für Frankfurter Geschichte e. V. von
Bettina von Bethmann
Dr. Evelyn Brockhoff
Lutz Becht
Dr. Thomas Rautenberg

Gesellschaft für
Frankfurter Geschichte e. V.

mit freundlicher Unterstützung der Mainova AG,
Frankfurt am Main

Redaktion:

Lutz Becht
Hendrik Halbleib
Tobias Picard

Umschlaggestaltung: Marcus Heibl, Societäts-Verlag
Satz: Nicole Proba, Societäts-Verlag
Druck und Verarbeitung: Ebner & Spiegel GmbH, Ulm
Printed in Germany 2009

ISBN 978-3-7973-1127-6

# Inhaltsverzeichnis

# Liebe Leserinnen und Leser,

Geschichte ist gefragt wie lange nicht mehr, auch bei Kindern und Jugendlichen. Und so entstand dieses Buch einfach dadurch, dass es notwendig ist. Die Idee dazu hatten – ganz unabhängig voneinander einige Personen – die unser Frankfurt lieben. Sie meinten, Frankfurt ist eine so tolle Stadt und hat eine so lange und interessante Geschichte, die selbst voller Geschichten ist, die vor allem mal für jüngere Leser erzählt werden sollten.

Einige Mitglieder unserer Gesellschaft für Frankfurter Geschichte e.V. haben uns gesagt, wir müssten so ein Buch herausgeben. Den gleichen Gedanken hatte Herr Stadtrat a. D. Horst Hemzal, ohne dass wir davon wussten. Zum Glück gibt es den Zufall: Denn Herr Hemzal hat uns gefragt, ob wir nicht für Kinder und Jugendliche ein Buch über die Frankfurter Geschichte machen wollten. Er kenne da auch – selbstverständlich zufalligerweise – zwei Autoren, die so ein Buch gerne schreiben würden. Ja, was sollen wir weiter dazu sagen? Wir haben es gemacht, denn – wie der Zufall es so will – hatte der Societäts-Verlag auch ein Interesse daran, dass so ein Buch auf den Markt kommt. Zum Zufall kommt das Glück. Mit Herrn Horst Baerenz-Cao haben wir gemeinsam jemanden gefunden, der Bilder zeichnen kann, die Geschichten erzählen. Den Schlusspunkt der glücklichen Umstände setzt die Mainova AG, die uns diesmal statt Strom, Gas und Wasser einen ansehnlichen Betrag für die Druckkosten zufließen ließ.

Und hier ist es nun. Ist das Buch nur für Kinder und Jugendliche? Nein, ganz bestimmt nicht. Es bedeutet lediglich, dass unsere Autoren nicht in einer strengen, schulmeisterlichen Sprache schreiben, die Geschichte oft auch für Erwachsene ganz langweilig macht. Die Erwachsenen brauchen es also nicht heimlich zu lesen. Gerade im Gegenteil, sie sollen es vorlesen. Laut! Aufmerksame junge Zuhörer finden sie – bestimmt.

Viel Freude bei der Lektüre wünschen die Vorstandsmitglieder der

*Gesellschaft für Frankfurter Geschichte e.V.*

*Bettina von Bethmann*
*Dr. Evelyn Brockhoff*
*Lutz Becht*
*Dr. Thomas Rautenberg*

# Einleitung

Noch ein Buch über Frankfurt! Es stimmt ja: Über Frankfurt und seine Geschichte ist vieles geschrieben worden. Warum also noch ein Buch über Frankfurt?

Gleich von zwei Seiten kam die Idee für das Buch. Zum einen hat eine Gruppe um Dr. Thomas Rautenberg in der Gesellschaft für Frankfurter Geschichte e.V. festgestellt, dass für Jugendliche etwas zur Stadtgeschichte vorliegen sollte. Zum anderen hat Herr Stadtkämmerer a. D. Horst Hemzal ganz unabhängig davon immer wieder für diese Idee geworben und die Autoren ermuntert, sich dieser Aufgabe anzunehmen. Gleich von zwei Seiten wurden wir daher gefragt, könnte man nicht einmal ein Buch schreiben, das Jugendliche für Frankfurter Geschichte begeistert? Könnte man, haben wir uns gedacht und uns überlegt, wie so etwas anzustellen wäre. Es dürfte nicht trocken und abstrakt sein, es müsste Geschichten erzählen und darauf verzichten, vollständig zu sein. Es müsste den Mut zur Lücke ebenso haben wie den Mut zum Urteil. So haben wir uns an die Arbeit gemacht. Wir wollten den Historikern keine Konkurrenz machen, sondern unbefangen und manchmal auch ein wenig unausgewogen Frankfurter Geschichte(n) entdecken helfen.

Nach und nach sind die Kapitel entstanden. Während des Schreibens ist uns dann deutlich geworden: Es wird nicht nur ein Buch für Jugendliche, sondern kann vielleicht auch für Erwachsene eine erste Begegnung mit der Geschichte Frankfurts sein. Frankfurt ist eine moderne Großstadt, und viele Menschen bleiben hier nur für wenige Jahre. Auch für sie kann dieses Buch eine hoffentlich vergnügliche Orientierungshilfe in ihrer neuen Stadt bieten.

Für uns war das Schreiben der einzelnen Kapitel eine kurzweilige Entdeckungsreise, aber auch eine Herausforderung. Wir wollten die einzelnen Kapitel so erzählen, dass deutlich wird: Frankfurt war Schauplatz der Geschichte, und manchmal beleuchtet etwas in der Frankfurter Geschichte auch schlaglichtartig die „große" Politik in Deutschland oder Europa. Frankfurt und seine Geschichte haben also eine doppelte Funktion: die Stadt war Bühne und stand auf der Bühne – ab und an sogar als Hauptdarsteller. Das macht ihre Geschichte zu etwas Besonderem.

Aus der Vielfalt der möglichen Themen sich auf wenige zu beschränken war eine große Herausforderung. Niemand ist sich der Lücken mehr bewusst als wir, und zu Recht kann man an vielen Stellen sagen: „Aber warum ist denn dieses oder jenes Thema nicht dabei?" Aber wir mussten auswählen. Neben dem begrenzten Platz war unser Anliegen: Wir wollten mit den Kapiteln auch eine Geschichte erzählen können. In vielen Fällen ging das, in anderen eben nicht. So spiegelt das Buch eben auch eine sehr individuelle Auswahl der beiden Autoren wider.

Im Verlauf der Arbeit an dem Buch haben wir vielfältige Hilfe erfahren. Unser Dank gilt an erster Stelle Stadtkämmerer a. D. Horst Hemzal, der das Projekt nicht nur angestoßen hat, sondern auch dafür Sorge getragen hat, dass es finanzierbar wird. Die Gesellschaft für Frankfurter Geschichte e.V. hat sich seiner angenommen und es begleitet; stellvertretend sei Dr. Evelyn Brockhoff unser herzlicher Dank gesagt. Dr. Thomas Bauer, Dr. Thomas Rautenberg, Hendrik Halbleib und Lutz Becht haben das fertige Manuskript gelesen und uns wertvolle Hinweise gegeben. Tobias Picard vom Institut für Stadtgeschichte hat die Bildredaktion übernommen. Und schließlich hat Dr. Constantin Alsheimer für die MAINOVA AG durch eine großzügige Spende das Projekt mit einer Finanzspritze versehen, die es uns ermöglicht hat, das Buch optisch und preislich ansprechend zu gestalten.

*Dr. Thomas Scheben*
*Dr. Matthias Zimmer*

# I. Menschen, die Geschichte machten

## Ein heiliger Stadtgründer: Karl der Große (747-814)

Im Kaisersaal des Frankfurter Römers sind sie alle vertreten: Die deutschen Könige und Kaiser, über neunhundert Jahre deutscher Geschichte, von 911 bis 1806. Schaut man aber etwas genauer hin, fällt auf, dass einem Herrscher ein ganz besonderer Rang eingeräumt wird: Karl der Große. Er fällt ein wenig aus der Reihe. Er ist nicht mit den typischen schmalen und spitz zulaufenden Bildern porträtiert, sondern mit einem sehr viel größeren, beinahe rechteckigen an der westlichen Stirnseite des Kaisersaals. Er ist damit herausgehoben aus dem Kreis der Kaiser und Könige und fügt sich auch nicht in den Rundgang ein, der an der südöstlichen Wandseite des Kaisersaals mit dem Franken Konrad I. beginnt und links daneben, am Ausgang zum Römerbalkon, mit dem Habsburger Franz II. endet. Ein wenig hat man den Eindruck, Karl der Große sitze dem Kollegium der Könige und Kaiser vor!

Diese Hervorhebung Karls des Großen findet sich noch an anderer Stelle. Vor dem Historischen Museum steht seine Statue; sie stand früher auf der Alten Brücke. Im Dom und außen am Dom ist er gleich mehrfach vertreten, unter anderem am nördlichen Tor des Domes, wo er mit dem Namenspatron, dem Heiligen Bartholomäus, neben den zwölf Aposteln in Stein über dem Eingangsportal verewigt ist. Und das alte Goldene Buch der Stadt, in der sich über viele Jahr-

*Karl der Große – so stellte ihn sich der Maler Philipp Veit für die Galerie im Kaisersaal vor.*

11

zehnte die Berühmtheiten der Welt eingetragen haben, ist mit einem Bildnis des Kaisers auf dem Einband verziert.

Karl der Große spielt also offensichtlich eine besondere Rolle für Frankfurt. Und das kommt nicht von ungefähr. Ihm wird eine herausragende Bedeutung für die Gründung Europas zugeschrieben, und er steht eben auch an der Wiege der Stadt Frankfurt. Fangen wir mit der frühen Geschichte der Stadt an.

Im Jahr 794 beruft Karl eine Synode, also eine Versammlung von kirchlichen Amtsträgern und Laien, nach Frankfurt ein. Man will dort über strittige Fragen beraten und einen gemeinsamen Weg für die Kirche finden. Frankfurt ist zu dieser Zeit nicht mehr als ein kleiner Ort, ein Königshof mit den dazu gehörigen Einrichtungen wie festen Häusern, Werkstätten, Speichern und einer Kirche. Wann genau dies entstanden ist, wissen wir nicht; vermutlich hat Karl hier in den Jahren zuvor systematisch bauen lassen, um auch einen repräsentativen Rahmen für größere Versammlungen zu haben. Der Sage nach hatte Karl einst nach einer Niederlage gegen die Sachsen den Main überqueren müssen. Eine Hirschkuh hatte ihm und den Franken den Weg über den Main durch eine Furt gewiesen, also eine Stelle, an der der Fluss zu Fuß überquert werden konnte. Daher, so die Sage, stamme der Name Frankfurt; es sei die „Furt der Franken". Eine andere Sage behauptet, dass nach der Schlacht die Sachsen den fliehenden Franken nachgerufen hätten: „Frank fort!", und dass daher der Name der Stadt herrühre. Klären lässt sich das heute nicht mehr. Aber der Synode 794 verdankt Frankfurt seine erste urkundliche Erwähnung und es gilt deshalb als das Gründungsjahr der Stadt, auch wenn schon vorher Siedlungen nachweisbar sind.

Karl war seit 771 alleiniger König der Franken, eines germanischen Stammesverbands, dessen Herrschaftsgebiet den

*Der Frankenkönig Karl – durchschritt er hier die Furt des Mains?* größten Teil des heutigen Frankreich, die Benelux-Staaten, die Schweiz und das heutige Deutschland westlich der Elbe ohne den Norden Deutschlands umfasste. Er war ein kriegerischer König. Schritt für Schritt erweiterte er seinen Herrschaftsbereich, unterwarf die Langobarden im Norden Italiens, die Sachsen im Norden und Nordosten Deutschlands, gliederte die Baiern in das Frankenreich ein. Anfang 794 kommt Karl nach Frankfurt. Er wird mehrere Monate hier bleiben; zu der Synode im Juni werden kirchliche und weltliche Würdenträger aus dem ganzen Frankenreich erwartet.

Karl ist nach den erfolgreichen Feldzügen bestrebt, das Reich auch nach innen zu einigen. Er stärkt Wissenschaft und Kunst, führt eine neue, einheitliche Schrift ein, stärkt den christlichen Glauben in seinem Reich, lässt Gesetze sammeln und die Rechtsprechung sowie das Münzwesen vereinheitlichen. Er fördert das Lateinische als Sprache der Gelehrten und der Gelehrsamkeit, gibt den Mönchen feste Regeln und steigert die Buchproduktion. Durch ihn entsteht erstmals ein Bewusstsein der Einheitlichkeit Europas: als Rechtsgemeinschaft, als Währungsgemeinschaft, als Glaubensgemeinschaft. Die Synode in Frankfurt ist ein Teil dieser Anstrengung. Da werden ernste religiöse Fragen entschieden, aber auch Recht gesetzt und soziale Probleme erörtert. So dürfen Äbte nicht Geld verlangen, wenn jemand in ein Kloster eintreten will, Geistliche dürfen ein Wirtshaus nicht zum Zechen betreten, niemand darf vor dem 30. Lebensjahr zum Priester geweiht werden. Die Synode legt die Preise fest für Hafer, Weizen, Gerste und Roggen und bestimmt, dass die neue Währung, der Denar, überall im Reich als Zahlungsmittel angenommen werden muss.

Ein Absatz des so genannten Frankfurter Kapitulars, in dem die Ergebnisse der Synode festgelegt sind, beschäftigt sich mit der „Synode der Griechen", einer Versammlung von Theologen wenige Jahre zuvor in Nicäa im byzantinischen Reich. Nicht zufällig grenzt Karl sich und das Frankenreich gegen das griechisch geprägte byzantinische Reich im Südosten ab. Dieses ist ein Nachfolger des römischen Reiches, hervorgegangen aus der Teilung des Reiches in ein oströmisches und weströmisches im Jahr 395. Das weströmische Reich war 476 mit der Absetzung des Kaisers Romulus Augustulus untergegangen. An seine Stelle rückten eine Reihe von germanischen Reichen. Das oströmische Reich hatte eine eigene Entwicklung genommen und zur Zeit Karls seine römischen Wurzeln weitgehend abgelegt. Der oströmische Imperator bezeichnete sich nun mit dem griechischen Königstitel als „Basileus", sah sich aber durchaus noch in der Nachfolge Roms. Mit den „Griechen" meinte Karl also das oströmische Reich.

Die Beziehungen zwischen den „Griechen" und den Franken änderten sich im Jahr 800 grundlegend. Am Weihnachtstag dieses Jahres wurde Karl von Papst Leo III. zum Kaiser gekrönt, ein Titel, der in Westeuropa seit der Absetzung des weströmischen Kaisers nicht mehr geführt worden war. Karl war nun römischer Kaiser, Schutzherr der Kirche; das Frankenreich war Nachfolger des römischen Reiches. Vermutlich hatte Karl diese enge Bindung von Kirche und Staat gegen das byzantinische Reich schon sechs Jahre zuvor auf der Frankfurter Synode im Blick. Die Zeitgenossen Karls umschrieben dieses neue Kaiserreich mit dem Begriff „translatio imperii", die Überleitung des römischen Imperiums also von Rom auf das Frankenreich und seinen Herrscher. Karl galt schon in zeitgenössischen Quellen als „Vater Europas" und wurde als „ehrwürdiges Haupt Europas" bezeichnet. Inwieweit dies zutreffend ist, mag dahingestellt sein. Zwei Dinge jedoch sind bemerkenswert: Als 1957 durch die Römischen Verträge die Europäische Wirtschaftsgemeinschaft gegründet wurde, der Vorläufer der heutigen Europäischen Union, hatte sie in etwa die Ausdehnung des Frankenreiches von Karl dem Großen. Und zweitens: Sowohl Frankreich als auch Deutschland sehen in Karl „ihren" ersten Kaiser. Das ist insofern verständlich, als erst drei Jahre nach dem Tod von Karls Sohn Ludwig dem Frommen das Frankenreich im Jahr 843 aufgeteilt wurde und sich daraus seither Deutschland und Frankreich als Staaten unabhängig voneinander entwickelt haben. Unter Karl dem Großen bzw. Charlemagne, wie er in Frankreich heißt, ist das Reich aber noch vereint und eine europäische Größe.

So steht der Stammvater Europas auch an den historischen Anfängen der Stadt Frankfurt – und Frankfurt versteht sich ja durchaus als eine europäische Stadt. Aber für Frankfurt ist Karl noch ein wenig mehr, er ist nämlich auch der Schutzheilige der Stadt. Im Jahr 1165 wurde Karl durch den Erzbischof von Köln unter Billigung des Papstes Paschalis III. heilig gesprochen. Diese Heiligsprechung hatte allerdings einen kleinen Schönheitsfehler. Paschalis III. war ein Gegenpapst zu Alexander III., der die Heiligsprechung nicht akzeptierte. Doch hat die römisch-katholische Kirche nie Einspruch dagegen erhoben und die Heiligenverehrung geduldet. Nur die sollen als Heilige verehrt werden, die durch Martyrium oder verdienstliches Leben auserwählt sind, hatte die Frankfurter Synode beschlossen; zumindest das verdienstvolle Leben traf aus Sicht der Kirche für Karl zu. Seither ist der 28. Januar in Frankfurt Gedenktag für Karl den Großen, und dies wird im Frankfurter Dom mit der Feier eines Karlsamtes begangen, einer Messe mit einem besonderen liturgischen Ablauf. So wird dort unter anderem die Karlssequenz vorgelesen, ein Text, der den Kaiser preist und ihn bittet, Fürsprache zu halten. Karl wird dargestellt als ein Kämpfer für das Christentum, ein gerechter und barmherziger Herrscher, ein starker König, der die Ungläubigen bekehrt. Der Text beginnt mit den Worten: „Frankfurt, königliche Stadt/ des Reiches höchster Thronsitz/, erster Hof der Könige. // Dem König der Könige singe Lob,/ die du des großen Königs dich erfreust,/ Karl, der hier zugegen." Und irgendwie stimmt es ja auch: Der erste deutsche – und eben europäische – Kaiser, er ist nicht nur im Dom, sondern auch in der deutschen und europäischen Stadt Frankfurt immer noch präsent.

## Staatsmann, Diplomat, Stifter:
## Siegfried zum Paradies (Geburtsjahr unbekannt; gestorben 1386)

Das 14. Jahrhundert liegt uns fern, vieles ist nur schwer verständlich. Die Historikerin Barbara Tuchman nennt das 14. Jahrhundert „eine gewalttätige, gequälte, verwirrte, leidende und zerfallende Zeit", geprägt von Seuchen, Kriegen, Räubereien und Misswirtschaft. Und doch ist das 14. Jahrhundert auch die Zeit, in der wichtige Grundlagen für die Entwicklung Frankfurts gelegt wurden. Von einer Entscheidung dieser Zeit profitiert die Stadt noch heute – aber davon später. Und ein Name ist mit vielen wichtigen Punkten der Frankfurter Geschichte im 14. Jahrhundert besonders verbunden: Siegfried zum Paradies.

Ein seltsamer Name! Siegfried stammte aus Marburg und wurde 1347 Frankfurter Bürger. Er kaufte 1351 das Haus zum Paradies am Liebfrauenberg, und von diesem Haus leitet sich sein

*Siegfried zum Paradies war einer der mächtigsten Männer seiner Zeit. Das ist sein Grabstein in der Nikolaikirche.*

Familienname ab. Später kaufte er noch das benachbarte, am Eck Liebfrauenberg und Neue Kräme stehende Haus zum Grimmvogel. Beide Häuser wurden
später zu einem Haus mit einer neuen Fassade zusammengefasst. Noch heute
erinnert eine Inschrift über dem Eingang an die beiden ehemaligen Hausna-
men.

Siegfried soll, so ein Historiker, der erfolgreichste Staatsmann gewesen sein,
den Frankfurt je hervorgebracht hat. Solche Urteile sind immer ein wenig pro-
blematisch, aber eine Ausnahmeerscheinung war er sicherlich. Wie viele erfolg-

*Dort wohnte Siegfried zum Paradies: Die Häuser „Grimmvogel" und „Paradies" stehen noch
heute am Liebfrauenberg. Hier sind sie auf einer Zeichnung von Karl Theodor Reiffenstein
aus dem 19. Jahrhundert zu sehen.*

reiche Staatsmänner war er ehrgeizig und machtbewusst, aber auch ein wenig arrogant und selbstherrlich. Und er hatte glänzende Verbindungen zum Kaiserhof, war also, wie man heute sagen würde, gut vernetzt. Der Kaiser, um den es hier geht, war Karl IV. Auch er gilt bei Historikern als eine Ausnahmeerscheinung. Er war ein gewiefter Taktierer, umsichtig, gebildet und ebenfalls sehr machtbewusst. Siegfried war ein Vertrauter und ein Günstling dieses Kaisers. Keine schlechten Voraussetzungen also für Frankfurt, einen solch guten Draht nach oben zu haben!

Karl IV. war 1346 als Gegenkönig zu Ludwig dem Bayern gewählt worden. Die Frankfurter hielten zu Ludwig, der aber 1347 unerwartet starb. Ludwig war der Stadt Frankfurt wohl gesonnen; in seinen 33 Regierungsjahren hat er sich über fünfzig Mal in der Stadt aufgehalten und Frankfurt sehr unterstützt. Frankfurt verdankt ihm eine Reihe von Rechten (Privilegien), die die wirtschaftliche Stellung der Stadt förderten. Nachdem die Verstimmungen zwischen Karl IV. und der Stadt Frankfurt wegen der Unterstützung für Ludwig den Bayern ausgeräumt waren – die Zahlung einer nicht unbeträchtlichen Geldmenge an den Kaiser hat diesen Prozess sicherlich gefördert – begann der Aufstieg Siegfrieds, der 1349 in die reichste Frankfurter Familie eingeheiratet hatte.

Die äußerlichen Stationen seines Lebens allein sind wenig aussagekräftig. Er wurde 1359 in den Rat aufgenommen, wurde 1363 Schöffe, also Richter am Frankfurter Reichsgericht. Viermal war er Älterer Bürgermeister und vertrat die Stadt mit großem Geschick bei den Reichstagen. Diese Karriere war keineswegs gradlinig, sondern von Rückschlägen begleitet; einmal stürmte gar eine Truppe von Handwerkern im Zuge von Machtkämpfen in der Stadt sein Haus und beschimpfte ihn, wie ein Historiker vermeldet, „in einer Weise, die für Kaiser und Reich schmachvoll war." Siegfried aber nutzte diesen Vorfall und festigte mit Hilfe des Kaisers seine Stellung in der Stadt. Siegfried galt, so würden wir es heute wohl sagen, als Karrierist. Und das wird in einer Gesellschaft, in der Herkunft und Verwandtschaftsbeziehungen viel gelten, nicht immer gerne gesehen.

Aber er hat sich um Frankfurt überaus verdient gemacht. Seine erste verdienstvolle Tat, von der auch die Nachwelt sehr profitiert hat, war es, die kaiserliche Kanzlei im Jahr 1366 zu bewegen, der Stadt Frankfurt ein eigenes Exemplar der Goldenen Bulle anzufertigen. Die Goldene Bulle war 1356 erlassen worden und stellte eine Art Grundgesetz für das alte Deutsche Reich dar. Für Frankfurt wichtig war die Festlegung, dass alle Wahlen zum König des Reiches in Frankfurt stattzufinden haben. Darüber hinaus enthielt die Goldene Bulle auch genaue Vorschriften über das Wahlverfahren und die begleitenden Zeremonien. Das Frankfurter Exemplar wurde zum Handbuch der Königswahlen –

*Siegfried zum Paradies ließ für die Stadt ein Exemplar der „Goldenen Bulle" ausstellen. Es wird noch heute im Institut für Stadtgeschichte aufbewahrt.*

einige Zeit glaubte man sogar, es sei das Reichsexemplar, das Karl IV. den Frankfurtern anvertraut habe. Heute liegt dieses Exemplar wohlverwahrt im Institut für Stadtgeschichte. Aber die Wirkung der Goldenen Bulle hielt lange an. Fast alle deutschen Könige und Kaiser wurden in Frankfurt gewählt und seit 1562 auch gekrönt. Das machte Frankfurt zu einer der wichtigsten Städte im Deutschen Reich – und zu seinem Mittelpunkt in den Tagen der Wahl und der Krönung. Dies endete erst mit dem Untergang des Heiligen Römischen Reiches Deutscher Nation im Jahr 1806. Aber das Bewusstsein für die besondere Rolle der Stadt wirkte nach. Die erste deutsche Nationalversammlung, das erste frei gewählte Parlament, kam 1848 in Frankfurt zusammen. Und knapp einhundert Jahre später machte sich Frankfurt Hoffnungen, zur Hauptstadt der Bundesrepublik zu werden. Auch das war eine Nachwirkung der langen Wahl- und Krönungstradition in Frankfurt, die mit der Goldenen Bulle begründet worden war.

Eine zweite verdienstvolle Tat Siegfrieds ergab sich eher unfreiwillig. Siegfried hatte 1363 das Amt des Reichsschultheißen von Kaiser Karl IV. gekauft. Dieses Amt war ursprünglich sehr bedeutend. Der Schultheiß war Vorsitzender des Reichsgerichts, der obersten Gerichtsinstanz für alle Frankfurter Bürger.

Überdies vertrat er den Kaiser in der Stadt, repräsentierte die Stadt, stellte Urkunden aus, verwaltete die Finanzen. Seit 1311 waren viele der Befugnisse des Schultheißen schrittweise auf die jährlich gewählten zwei Bürgermeister übergegangen. Als Siegfried das Amt erwarb, waren damit nur die Vertretung des Kaisers in Frankfurt und der Vorsitz des Gerichtes verbunden. Doch dies machte Siegfried zu einem mächtigen Mann, gegen den sich Widerstand erhob. Wenige Jahre später musste er auf Druck von Karl IV. das Amt an die Stadt verkaufen. Von nun an konnte dieses Amt nicht mehr an Auswärtige verkauft oder verpfändet werden, sondern wurde von den Frankfurtern besetzt. Frankfurt hatte damit einen großen Schritt zur Selbstverwaltung getan. Die Stadt unterstand dem Kaiser direkt und regierte sich weitgehend selbst. Sie wurde zu einer freien Reichsstadt.

Mit dem Amt des Schultheißen hatte Siegfried auch einen Reichswald erworben, den er ebenfalls 1372 an die Stadt abtrat. Daraus wurde unser heutiger Stadtwald. Es gibt vermutlich nicht viele Städte, die einen Stadtwald haben, dazu noch einen so alten und traditionsreichen. So hat das Wirken Siegfrieds noch bis heute seine Nachwirkungen. Ein schöneres Denkmal für die Nachwelt und Erinnerung an einen bedeutenden Staatsmann als diesen „Paradies-Wald" gibt es wohl nicht in der ereignisreichen Frankfurter Geschichte.

## Der rebellische Lebkuchenbäcker: Vinzenz Fettmilch (Geburtsjahr unbekannt, gestorben 1616)

Noch heute spaltet der Name Vinzenz Fettmilch nicht nur die Historiker. Für die einen ist er ein Streiter für die Rechte der Bürger, ein Volksheld fast, der sich gegen eine verdorbene und korrupte Stadtregierung zur Wehr setzte. Für die anderen ist sein Name verbunden mit Ausschreitungen gegen die Juden und der Plünderung der Frankfurter Judengasse; dabei nimmt die Gestalt des Frankfurter Lebkuchenbäckers beinahe monströse Züge an. So ist Fettmilch heute noch weit über Frankfurt hinaus ebenso berühmt wie berüchtigt. Was aber hat ihm seinen zweifelhaften Ruhm eingetragen?

Die Geschichte beginnt im Jahr 1612. Wahl und Krönung eines neuen Kaisers stehen in Frankfurt an. Die Bürger der Stadt müssen einen Eid leisten, in dem sie die Sicherheit des neuen Kaisers, der Kurfürsten und ihrer Gefolge garantieren. Wenn nicht, verlieren sie ihre Privilegien, also ihre besonderen Rechte, die ihnen Kaiser und Könige verliehen haben. Hier horchen die Bürger

*Vincenz Fettmilch – war er ein Freiheits-kämpfer oder ein Judenfeind?*

auf. Privilegien? Früher einmal, man erinnert sich, wurden die Privilegien öffentlich vorgelesen. Das aber ist lange her. Die wirtschaftliche Lage für viele in der Stadt ist schwierig. Haben die Frankfurter Bürger vielleicht auch das Privileg, keine Steuern zahlen zu müssen? Man verlangt Auskunft vom Rat, der Stadtregierung.

Der Rat sträubt sich zunächst. In den vergangenen Jahrzehnten waren die Ratsherren ziemlich selbstherrlich aufgetreten. Neuerdings spricht der Rat in seinen Verlautbarungen nicht von Bürgern, sondern von Untertanen. Das spiegelt sein Selbstverständnis wider. Der Rat ist fest in der Hand der Patrizier, dem Stadtadel. Dort bestimmen einige wenige Familien die Geschicke der Stadt. Auch die Handwerkszünfte sind im Rat vertreten, bilden dort aber nur eine Minderheit. Der Rat ist eine geschlossene Gesellschaft, die nicht von den Bürgern durch Wahlen bestimmt wird. Stirbt ein Ratsmitglied, entscheidet der Rat selbst über den Nachfolger.

Die Selbstherrlichkeit des Rates ist ein Grund zur Unzufriedenheit. Daneben drücken hohe Steuern. Man will, dass die hohen Zinsen, die die jüdischen Geldverleiher erheben, gesenkt werden, und dass die Anzahl der Juden in Frankfurt begrenzt wird. Die beiden letzten Forderungen haben wohl auch damit zu tun, dass viele Bürger bei jüdischen Geldverleihern Schulden haben. Und schließlich will man die Zusammensetzung des Rates ändern.

Die unzufriedenen Bürger wenden sich zunächst an den neuen Kaiser, der ja noch in der Stadt ist. Doch Matthias I. hat wenig Interesse, in die Auseinandersetzungen zwischen Bürgern und Rat hineingezogen zu werden. Ein Bürgerausschuss bildet sich, der mit dem Rat verhandeln will. Er besteht ganz überwiegend aus Vertretern der Zünfte, also dem Zusammenschluss von Handwerkern. Auf Vermittlung einer kaiserlichen Kommission kommt es schließlich im Januar 1613 zu einem Bürgervertrag, der wesentliche Forderungen der Bürger erfüllt. Der Rat wird zunächst um 18 Mitglieder erweitert. Ein besonderer Ausschuss der Zünfte soll künftig die Rechnungsbücher der Stadt prüfen.

Nun fangen die Probleme aber erst an. Zwar hat man festgestellt, dass die Steuerfreiheit nicht zu den Privilegien gehörte, aber bei Durchsicht der Bücher stellt sich heraus: Die Stadt ist hoch verschuldet. Der Rat hat sie durch Misswirtschaft an den Rand des Ruins getrieben. Deswegen waren die Steuern immer wieder erhöht worden. Gleichzeitig hatten es sich die Ratsherren auf Kosten der Bürger gut gehen lassen. Deren Empörung wächst.

Hier ist es an der Zeit, Vinzenz Fettmilch einzuführen. Er war durch Heirat Frankfurter Bürger geworden, arbeitete zuerst als Schreiber, dann als Lebkuchenbäcker, wodurch er in die Fettkrämerzunft aufgenommen worden war. Zum Zeitpunkt der Ereignisse war er ein gesetzter Mann, kein jugendlicher Heißsporn. Aber er entwickelte sich zum Sprecher für die radikaleren Forderungen der Zünfte. Ein Historiker schildert ihn als einen Menschen, der die Massen bewegen kann und charakterisiert ihn als „herrisch, massig, launisch, schlau, eitel, besessen, beredsam, unduldsam und unerbittlich." Dieses Urteil ist sicher nicht aus der Kenntnis der Person gefällt, aber der Gang der Ereignisse legt es doch nahe.

Das Verhältnis zwischen dem Rat und dem Bürgerausschuss bleibt trotz des Bürgervertrags gespannt. Misstrauen herrscht. Meinte es der Rat ernst? Oder will er die früheren Zustände wieder herstellen? Vor allem: Wie hatte sich die Stadt so verschulden können? Als die Höhe der Verschuldung öffentlich wird, stürmt eine Menge im Mai 1614 das Rathaus und erzwingt die Herausgabe der Schlüssel zur Stadtkasse. Der Rat darf nur noch Geld ausgeben, wenn es von dem Ausschuss der Zünfte genehmigt wird. Den radikalen Kräften unter Fettmilch ist das nicht genug. Sie setzen den Rat gefangen und erzwingen seine Abdankung. Nun ist Fettmilch faktisch Herr der Stadt!

Das ruft nun wieder den Kaiser auf den Plan. Durch einen Herold, also einen offiziellen Boten, lässt er in Frankfurt verkünden: Wer sich nicht dem alten Rat fügt, wird bestraft. Eine Frist wird gesetzt. Die Stadtbewohner sind gespalten. Einige fügen sich dem kaiserlichen Befehl; sie werden abfällig als „Parierer" bezeichnet. Noch ist die Stimmung gegen den alten Rat. Wenige Tage nach der Frist stürmt eine bewaffnete Meute von Handwerksgesellen die Judengasse und plündert sie. Fettmilch und seine Familie beteiligen sich an den Plünderungen. Einen Tag später befiehlt Fettmilch allen Juden, die Stadt zu verlassen. Die Situation ist nun völlig außer Kontrolle.

Die Ausschreitungen gegen die Juden hatten sich lange angekündigt. In der Judengasse lebten etwa 2.700 Menschen in 195 Häusern. Viele bestritten ihren Lebensunterhalt mit Geldgeschäften und Pfandleihen. Juden stand der Zugang zu den „ehrbaren" Berufen nicht offen; so durften sie weder Handwerker werden noch Landwirtschaft betreiben und schon gar keine öffentlichen Ämter

*Die Plünderung der Judengasse im Jahr 1614.*

bekleiden. Die Vertreibung der Juden konnte dem einen oder anderen durchaus helfen, seine Schulden loszuwerden. Oder aber einen Sündenbock für die wirtschaftlich schlechte Situation insgesamt zu finden. Der Hass auf die Juden mochte viele Gründe haben. Ehrbar war kein einziger. Religiöse Vorurteile, Geldgier, Habsucht, Neid, Aberglauben, dunkle Gerüchte, denen unbesehen Glauben geschenkt wurde: Das war der Stoff, aus dem der Hass auf die Juden gemacht war.

Diese neue Entwicklung ruft abermals den Kaiser auf den Plan. Über Vinzenz Fettmilch und andere Aufrührer wird die Reichsacht verhängt. Sie sind nun schutz- und rechtlos; wer ihnen hilft, dem droht das gleiche Schicksal. Die Stimmung hat sich gedreht. Viele Bürger geben nun die vom Kaiser geforderte Erklärung ab, dass sie dem alten Rat gehorchen. Die Unterstützung für Fettmilch schmilzt zusammen. Im November 1614 wird er verhaftet. Der Aufstand, der später seinen Namen trägt, ist beendet.

Fettmilch wird nach Aschaffenburg gebracht und dort ein Jahr lang verhört. Am Ende steht wegen Aufruhr, Verschwörung gegen die Obrigkeit und anderer Verbrechen das Todesurteil. Erreicht hat Fettmilch wenig. Die Zünfte wurden aufgelöst, der alte Rat wieder in seine Befugnisse eingesetzt. Der Bürgervertrag blieb aber teilweise in Kraft und begrenzte das politische Handeln des Rates. Erst über hundert Jahre später konnte sich die Bürgerschaft in einem erneuten, aber weniger dramatischen Konflikt weitere Rechte gegenüber dem Rat sichern. Die jüdische Gemeinde wurde in einer feierlichen Prozession wieder zurückgeführt. Die Juden erhielten, und das war neu, ein dauerhaftes Recht, sich in Frankfurt niederzulassen, aber das Wachstum der Gemeinde wurde beschränkt. Die versprochene Entschädigung für die Plünderungen haben sie nie erhalten.

An Vinzenz Fettmilch wurde als Rädelsführer ein Exempel statuiert. Mit drei weiteren Angeklagten wurde er öffentlich enthauptet. Alle männlichen Bewohner Frankfurts waren verpflichtet worden, zu der Hinrichtung am Rossmarkt zu kommen. Die Köpfe der vier wurden, wie es hieß, für alle Zei-

*Die Hinrichtung Vincenz Fettmilchs am 28. Februar 1616 (rechts). Am Brückenturm hingen noch lange sein Kopf und die von drei weiteren Aufrührern (links).*

ten auf den Frankfurter Brückenturm aufgesteckt. Goethe berichtet in seinen Erinnerungen, dass ein Kopf noch in seiner Jugend am Brückentor hing; erst 1801 wurde diese grausige Erinnerung an den Aufstand und die Bestrafung beseitigt.

Das Haus von Fettmilch wurde dem Erdboden gleichgemacht und an seine Stelle eine Schandsäule gestellt, die davon Zeugnis ablegte, dass der Platz „öde und wüst" bleibe wegen der Verbrechen des Vinzenz Fettmilch. Erst gegen Ende des 19. Jahrhunderts ist der leer stehende Platz wieder bebaut worden. Seine Familie wurde vertrieben, sein Bruder musste das Reichsgebiet verlassen. Neben den vier Enthaupteten, deren Köpfe auf den Brückenturm gesteckt wurden, verloren drei weitere Männer ihr Leben. Über dreißig Männer wurden verbannt und durften Frankfurt nicht mehr betreten. Mehr als 2.000 Bürger wurden zu Geldstrafen verurteilt.

Fettmilch hat einen andauernden Nachruhm. Adolf Stoltze beispielsweise, der Sohn des Frankfurter Mundartdichters Friedrich Stoltze, verfasste in den zwanziger Jahren des 20. Jahrhunderts ein Drama über Fettmilch, das mit großen Erfolg aufgeführt wurde. Fettmilch erscheint hier als ein Frankfurter Patriot, der noch im Angesicht des Todes Gott bittet, die Stadt zu segnen, damit „stets ein frei Geschlecht in ihren Mauern wohnt." Die jüdische Überlieferung sieht das ganz anders. Die Geschichte über den Judenfeind Fettmilch und die Vertreibung der Frankfurter Juden ist von Generation zu Generation weitergereicht worden. Noch heute künden Kindergeschichten davon, was den Juden durch Fettmilch in Frankfurt widerfahren ist. Und noch 1980, als der Frankfurter Oberbürgermeister Walter Wallmann in Tel Aviv einen Vertrag über die Zusammenarbeit beider Städte unterzeichnet, wird er von seinem Amtskollegen auf Fettmilch angesprochen. Er ist zum Symbol der Judenfeindschaft geworden.

Beide Urteile zeigen, dass damals die Frage, wie Frankfurt regiert werden soll und das schwierige Verhältnis von Christen und Juden eng miteinander verknüpft waren. Von wem die Stadt regiert werden soll, wird heute in Wahlen und Abstimmungen entschieden, ganz demokratisch und transparent. Aber wie die Stadt mit ihrer jüdischen Gemeinde umgeht, ist heute weit mehr als eine Frage religiöser Toleranz. Es ist die Frage, welche Lehren wir gezogen haben aus der Verfolgung und Ermordung jüdischer Mitbürger im letzten Jahrhundert und ob nicht vielleicht die Vernichtung der Juden unter dem nationalsozialistischen Regime schon angelegt war in den judenfeindlichen Ausschreitungen unter Vinzenz Fettmilch.

## „Heinrich, mir graut vor dir": Goethe und das Schicksal der Susanna Margaretha Brandt (1746-1772)

Sie ist eine traurige Berühmtheit, und eine tragische. Wir wissen über ihr Leben nicht sehr viel, aber über ihr Lebensende einiges. Wir wissen nicht, wie sie ausgesehen hat. Aber Deutschlands bekanntester Dichter hat sich von ihrem Schicksal inspirieren lassen und eine Figur geschaffen, die aus der deutschen Literatur nicht mehr wegzudenken ist.

Susanna Margaretha Brandt war eine Frau aus einfachen Verhältnissen. Sie hat als Dienstmagd in einem Frankfurter Gasthaus gearbeitet. Der Lohn war sehr niedrig; schlafen musste sie in der Küche des Gasthauses. Ihr ganzer Besitz passte in eine kleine Truhe: Kleidung, ein Gesangbuch, ein wenig Schmuck. Lesen und schreiben hat sie nie gelernt, und sie war, wie viele einfache Menschen ihrer Zeit, auch ein wenig abergläubisch.

Es muss einige Wochen vor Weihnachten des Jahres 1770 gewesen sein. Susanna lässt sich mit dem Diener eines holländischen Kaufmanns ein, der in dem Gasthaus übernachtet, in dem sie arbeitet. Sie wird schwanger. Später wird sie sagen, bei der Verführung habe wohl der Teufel die Hand im Spiel gehabt. Sie erzählt niemandem von der Schwangerschaft. Ein uneheliches Kind zu bekommen galt als Schande, und Susanna mag sich ein Leben in Schande nicht vorstellen. Vielleicht will sie einen ehrbaren Mann heiraten wie ihre beiden älteren Schwestern, wir wissen es nicht. Sie bringt am 1. August 1771 einen Jungen zur Welt, heimlich und alleine in der Waschküche des Gasthauses. Aus Angst und Verzweiflung bringt sie den Säugling um und flieht aus der Stadt. Das Verbrechen wird entdeckt. Susanna wird steckbrieflich gesucht, eine Belohnung ist auf sie ausgesetzt. Am 3. August, einem Sonntag, wird sie am Bockenheimer Tor aufgegriffen und verhaftet. Sie war am Tag zuvor nach Mainz geflohen und hatte dort Teile ihres Schmucks verkauft. Doch ihr Gewissen hatte ihr keine Ruhe gelassen. Im Verhör sagt sie aus, dass sie ihre Tat vom Grunde ihres Herzens bereue und Gott Tag und Nacht um Vergebung für ihre schwere Sünde bitte.

Susanna wird zum Tode verurteilt. Am 14. Januar 1772 ist es so weit. Das Gnadengesuch war wenige Tage zuvor abgelehnt worden. Susanna wird zur Hauptwache geführt. Dort ist gegenüber der Katharinenkirche ein Holzgerüst aufgebaut worden. Susanna wird dort auf einen Stuhl gesetzt, festgebunden und mit einem Schwertstreich enthauptet. Sie ist nur 25 Jahre alt geworden.

*Heute würde ihre Tat anders beurteilt: Die Hinrichtung Susanne Margaretha Brandts am 14. Januar 1772.*

Der ganze Prozess gegen Susanna und ihre öffentliche Hinrichtung waren damals Stadtgespräch in Frankfurt. Wir wissen nicht, wie viele Menschen bei der Hinrichtung zugesehen haben. Aber das Interesse muss groß gewesen sein. Darauf lassen schon die Sicherheitsmaßnahmen schließen. Die Stadttore wurden bis auf zwei geschlossen, und der Platz um die Hinrichtungsstelle wurde von Soldaten gesichert. Hinrichtungen waren ein öffentliches Spektakel, und die letzte lag viele Jahre zurück. Damals, im Jahr 1758, war ebenfalls eine verurteilte Kindsmörderin hingerichtet worden.

Wenn man heute die Prozessakte liest, kann man kaum noch die harte und unerbittliche Denkweise von Susannas Richtern nachvollziehen. Ja, sie hatte ihr Kind umgebracht. Aber wir würden heute auch die Umstände der Tat berücksichtigen. Es war ja kein Mord aus Berechnung oder Niedertracht, sondern eine Tat aus Angst und Verzweiflung. Eine Kurzschlusshandlung, würde man heute sagen. Die damaligen Richter haben die damals gültigen Gesetze befolgt und all dies nicht berücksichtigt. Für sie zählte allein die Tat, nicht das Motiv. Vor wenigen Jahren aber hat man in Frankfurt den Fall nachgestellt. Was wäre, wenn Susanna heute leben würde? Wie würde ein Gericht heute diese Tat beurteilen? Welche gesetzlichen

*Die Prozessakte im Institut für Stadtgeschichte. Die Schere war nicht die Tatwaffe, sondern nur ein Beweisstück.*

Vorschriften müssen angewendet werden? Anhand der Akte wurde eine Gerichtsverhandlung durchgeführt, mit Ankläger, Verteidiger und Richter. Der Richter kam zu dem Schluss, dass Susanna nur vermindert schuldfähig gewesen sei und hat sie zu einer Freiheitsstrafe von zwei Jahren auf Bewährung verurteilt. So ändern sich auch die Zeiten in der Gesetzgebung und der Rechtsprechung.

Damals, 1772, hat auch ein junger Jurist den Prozess gegen Susanna aufmerksam verfolgt und später sein eigenes Urteil gefällt: Johann Wolfgang Goethe. Er war damals nur wenig jünger als Susanna und kam 1771 nach dem Studium in Straßburg in seine Heimatstadt zurück. Das Schicksal von Susanna hat er dann literarisch verarbeitet. In seinem Stück „Faust" ist Margarete (so heißt sie bei Goethe) ebenfalls eine Kindsmörderin, verführt von Faust unter Mithilfe des teuflischen Mephisto. Hier hatte der Teufel also tatsächlich seine Finger im Spiel. Auch diese böse Tat wird entdeckt, Margarete kommt ins Gefängnis und soll hingerichtet werden. Faust will sie befreien, doch sie lehnt ab: „Was hilft es, fliehn? Sie lauern mir doch auf", sagt sie. „Es ist so elend betteln zu müssen, und noch dazu mit bösem Gewissen." Beinahe meint man, Susanna zu hören und die Geschichte ihrer Flucht nach Mainz. Margarete bit-

*Johann Wolfgang Goethe im Alter von 27 Jahren. Das Gemälde von Georg Melchior Kraus befindet sich im Frankfurter Goethemuseum.*

tet, ganz wie Susanna, Gott um Vergebung. Anders als vor den irdischen Richtern findet sie Gnade vor Gott: „Sie ist gerettet", heißt es am Ende des Stückes. Vielleicht empfand Goethe, dass bei aller Strenge der irdischen Gerechtigkeit die Hoffnung auf eine Vergebung der Sünden nicht aufgegeben werden durfte, auch nicht für Susanna Margaretha Brandt. Und er hat dieser unglücklichen Frankfurterin ein literarisches Denkmal gesetzt, das uns an ihr kurzes Leben erinnert.


## Wirtschaftsförderung mit Hindernissen: Frankfurt und die Bolongaros


Für ihren Rang als Wirtschaftsstandort tut die Stadt Frankfurt einiges. Sie ist stolz auf die große Zahl von Niederlassungen ausländischer Firmen und freut sich über jeden Neuzugang. Das war allerdings nicht immer so, wie die Geschichte der Familie Bolongaro und ihres prächtigen Palastes in Höchst zeigt. Damals, im 18. Jahrhundert, war Frankfurt eine reiche Stadt. Jährliche Messen und insgesamt sechs Kaiserkrönungen allein in diesem Jahrhundert brachten unzählige zahlungskräftige Gäste in die Stadt. Die Kriege dieser konfliktreichen Zeit brachten zwar manchen Verdruss, aber auch eine Menge Geld. Die Soldaten brauchten Waffen, Kleidung und Nahrungsmittel, wenn sie hier durchzogen oder gar in großer Zahl in der Stadt und ihrer Umgebung kampierten.

Mit seiner verkehrsgünstigen Lage zog Frankfurt als „Kaufhaus Europas" Händler aus ganz Europa an. Da man für den Handel außer Waren auch Geld benötigt, entwickelten sich aus den Handelshäusern bald auch Banken mit Verbindungen in ganz Europa. Die Frankfurter hatten ein durchaus gespaltenes Verhältnis zur internationalen Anziehungskraft ihrer Stadt. Einerseits freute sich die Stadtkasse über die Steuern, die diese Firmen zahlten, ebenso wie über die Zölle, die auf ihre Waren erhoben wurden. Im Jahre 1773 gab es 123 größere Handelshäuser, neun davon ursprünglich aus Italien, die mit hochwertigen Waren wie Wein, Tabak, Gewürzen, Stoffen und Schmuck handelten. Fünfundzwanzig von ihnen waren zugleich auch im Bank- und Finanzierungsgeschäft tätig. Andererseits fürchteten viele eingesessene Betriebe, vor allem Handwerker und Gewerbetreibende, die Konkurrenz dieser Neugründungen aus den Niederlanden, aus Italien und Frankreich, aber auch aus den deutschen Nachbarstaaten. Viele hatten auch Angst vor der Zuwanderung von

Arbeitern und Handwerksburschen, die im Verdacht standen, bei Unzufriedenheit Aufstände anzuzetteln. Sie setzten den Rat, der die Ansiedlungen genehmigen musste, unter Druck. Vor allem Firmen, die sich mit der Weiterverarbeitung von Waren beschäftigten, sollte er die Niederlassung verweigern. Auch die ansässigen Kaufleute drückten allerlei Erschwernisse für mögliche Konkurrenten durch. Für neue Unternehmen galten Beschränkungen des Warensortiments oder das Verbot des Direktverkaufs in offenen Läden. Der Rat wiederum sah es ungern, wenn sich abgewiesene Unternehmer in Offenbach, Hanau oder Höchst ansiedelten, weil ihm dadurch Steuereinnahmen entgingen. Er scheute aber auch die Konfrontation mit den Handwerks- und Kaufmannsvereinigungen, die sich vor Konkurrenz in der eigenen Stadt schützen wollten.

Frankfurt zählte zu Beginn des 18. Jahrhunderts rund 32.000 Einwohner, etwa ein Drittel mehr waren es an dessen Ende. Nur etwa 4.200 von ihnen, also kaum ein Zehntel, waren männliche Vollbürger. Mit ihren Familien machten sie knapp die Hälfte der Bevölkerung aus. Nur diese Vollbürger durften uneingeschränkt ein selbstständiges Gewerbe ausüben und Mitglied in den entsprechenden Vereinigungen werden, hatten das Wahlrecht und genossen Steuervorteile. Bürger wurde man durch Geburt, Heirat mit einer Bürgerin oder durch Zustimmung des Rates und Vereidigung. Dies ging aber nur durch die Zahlung einer nicht geringen Geldsumme an die Stadtkasse. Etwa 1.800 Menschen zuzüglich ihrer Familien waren Beisassen, die sich gegen Eid und Zahlung auf Lebensdauer in der Stadt niederlassen und den Schutz der Stadtregierung in Anspruch nehmen konnten. Sie hatten keine politischen Mitwirkungsrechte, unterlagen wirtschaftlichen Beschränkungen und durften auch seit 1735 keine Grundstücke mehr erwerben. Neben den „Messfremden", die sich nur zu Messen und anderen Anlässen dieser Art für begrenzte Zeit innerhalb der Stadtmauern aufhalten durften, gab es noch die Gruppe der „Permissionisten" nach dem lateinischen Wort „permissio" für Erlaubnis. Die Erlaubnis musste gegen Gebühr in Abständen – maximal galt sie jeweils ein Jahr lang – erneuert werden und erlegte den Inhabern zahlreiche Einschränkungen auf; politische Rechte hatten sie ebenfalls nicht.

Es war nur zu verständlich, dass neu hinzugezogene, oft sehr erfolgreiche Familien aus diesem unterprivilegierten, unsicheren Status eines „Permissionisten" baldmöglichst heraus wollten. Das galt auch für die Familie Bolongaro, die aus Italien stammte, genauer gesagt aus einer kleinen Stadt am Lago Maggiore. Italienische Kaufleute hatten seit dem Mittelalter im Fernhandel eine wichtige Rolle gespielt. Italienisch war die wichtigste Handelssprache, und so ist es nicht verwunderlich, dass an einem der wichtigsten Messeplätze Europas auch Kaufleute aus dem Süden tätig und ansässig waren. Oft hatten sie klein angefangen mit Importen aus dem Mittelmeerraum, vor allem Genussmitteln wie Tee, Kaffee und Tabak, aber auch Zucker und Käse. Einschränkungen, die die futterneidische Frankfurter Kaufmannschaft erzwang, umgingen sie geschickt. Wer sich gegen solche Widerstände als Kaufmann behaupten konnte, gehörte sicher zu den besten seines Faches. Im Jahr 1773 zählte man neun große Handelshäuser mit italienischen Inhabern, die oftmals zu großem Reichtum gekommen waren und sich prächtige Häuser bauten. Ihre Namen sind oftmals aus der Frankfurter Geschichte nicht mehr wegzudenken, darunter Brentano, Schweitzer-Allesina und eben Bolongaro.

Die Bolongaro-Brüder Joseph Maria, 1712 geboren, und der zwei Jahre jüngere Jakob Philipp legten einen unternehmerischen Blitzstart hin, der sie bald zum bedeutendsten Frankfurter Handelshaus überhaupt aufsteigen ließ. Gelernt hatten sie das Geschäft mit Kolonialwaren und Schnupftabak, der damals groß in Mode war, bei einem Onkel in Amsterdam. Schon 1734 wurde Jakob zum Vertreter für Deutschland bestimmt, übergab später diese Aufgabe an seinen Bruder Joseph und den früh verstorbenen Franz Bolongaro, während er selbst noch für einige Zeit das Stammhaus in Amsterdam leitete. Schon 1756 erwarb Joseph ein repräsentatives Haus in der Tönges-gasse. Von hier aus engagierte sich die Firma hauptsächlich im Schnupf-tabakhandel, hatte aber auch Wein, Tee, Kaffee, Gewürze und Reis auf dem Lieferschein. Fast zwangsläufig führte der Fernhandel ins Bankgeschäft, das seit 1740 offiziell betrieben wurde. Weitere Filialen gab es in Antwerpen, Leipzig und ab 1811 auch in Würzburg.

*Josef Maria Markus Bolongaro (1712-1779) kam aus Italien, lernte Frankfurt während der Messen kennen und machte bald ein großes Vermögen.*

*Die Niederlassung der Brüder Bolongaro im Haus „Zum Wölfchen", heute Töngesgasse 17.*

Ideal für eine solche Unternehmensgründung war das Bürgerrecht, mindestens jedoch der Status des Beisassen. Dieser wurde den Bolongaros nach dreimaligem Antrag zwischen 1737 und 1742 schließlich 1743 zuerkannt. Sie verwiesen darauf, dass sie mit ihren Produkten eingesessenen Kaufleuten keine Konkurrenz machen wollten, beträchtliche Steuern entrichteten und ja eigentlich keine Italiener – die von den Frankfurter Großbürgern wenig geschätzt und geachtet wurden –, sondern eher schon Holländer seien; Hinweis auf eine gewisse Fremdenfeindlichkeit in den führenden Schichten der Stadt. Ohnehin genügte schon ein tüchtiger Spaziergang, um eine Landesgrenze zu überschreiten und als „Ausländer" zu gelten. Aber andererseits waren selbst viele Italiener, deren Heimat zum Reich der Habsburgerdynastie gehörte, immerhin Untertanen desselben Kaisers, dem auch Frankfurts Bürger unmittelbar Gehorsam schuldeten. Überdies waren Österreichs Habsburger als Herzöge von Mailand sogar direkte Landesherren der Bolongaros und verwandten sich dennoch vergeblich beim Frankfurter Rat für ihre Untertanen. Erst der aus Bayern stammende Kaiser Karl VII. konnte die hartleibigen Senatoren umstimmen: die Bolongaros wurden Beisassen.

Friede kehrte zwischen Rat und Unternehmerfamilie dennoch nicht ein. Die Bolongaros fühlten sich von den Steuerbehörden schikaniert und – wie man heute sagen würde – diskriminiert. Daran, Vollbürger werden zu können, war gar nicht zu denken, und selbst bei firmenbedingten Aufenthaltsfragen legte sich der Rat quer: Als Jakob Bolongaro sich aus dem Geschäftsleben in seine italienische Heimatstadt zurückziehen und seinen Schwiegersohn an seiner Stelle etablieren wollte, verweigerte der Rat die Übertragung des Beisassenstatus auf diesen Peter Anton Crevenna. Nun waren die Italiener und sonstigen Ausländer daran gewöhnt, dass ein solches Gesuch sowieso nie beim ersten Mal positiv beschieden wurde, schon weil der Rat pokern und die Zahlungen und „Spenden" für dieses Recht hochtreiben wollte. Aber als die Stadtväter im April 1771 die Bolongaros mit sehr deutlichen Worten wissen ließen, dass ihre Ablehnung endgültig sei und weitere Gesuche in dieser Richtung gar nicht mehr angenommen würden, war der Eklat perfekt: Frankfurts größter Steuerzahler nahm die Unternehmensverlagerung in Angriff.

Weit brauchte die Familie nicht zu suchen. Das Städtchen Höchst bot sich als Ausweichquartier an. Es gehörte damals zum Erzbistum und Kurfürstentum Mainz, und die Kurfürsten der Domstadt hatten die günstige Lage vor den Toren der Reichsstadt schon immer zu nutzen gewusst. Hier kontrollierten sie mit dem Main und der parallel verlaufenden Straße zwei der meistgenutzten Handelswege im Reich. Sehr zum Ärger der Frankfurter nutzte der Kurerzbischof diese günstige Lage, um den durchreisenden Kaufleuten kräftig Zoll abzuknöpfen. Das Höchster Schloss ist letztendlich nichts anderes als eine Zollstation, die man befestigt hatte, denn die Frankfurter gerieten über die Jahrhunderte hinweg des Öfteren mit ihren Nachbarn vom Rhein deswegen bisweilen auch handfest aneinander. Im 18. Jahrhundert wollte Kurfürst Emmerich Josef die schlechte Wirtschaftslage des Erzbistums verbessern und der Frankfurter Handelskonkurrenz ein paar Marktanteile abjagen. Teil seines Wirtschaftsförderungsprogramms war der Bau einer Höchster Neustadt, die sich östlich der Altstadt erstrecken und der Ansiedlung von Unternehmen dienen sollte. Er versprach den ansiedlungswilligen Investoren Religionsfreiheit, das Bürgerrecht, verbilligtes Bauland und Baumaterial, unbeschränkte Gewerbefreiheit, Steuer- und Zollerleichterungen, und eine eigene Kommunalverwaltung. Das war für die damalige Zeit ein beträchtliches Maß an politischer Selbstverwaltung, von dem das damalige Frankfurt weit entfernt war.

Im Jahr 1768 begann der Kurfürst, mit Aushängen in Gaststätten und Ämtern sowie Zeitungsartikeln Investoren für sein Projekt „Emmerichstadt" zu werben. Natürlich wusste man in Mainz, wie unzufrieden viele Frankfurter Kaufleute mit der kleinlichen Politik des Rates waren, und ebenso natürlich waren die wiederum über die Pläne des fürstlichen Nachbarn unterrichtet – verärgerte Frankfurter Unternehmer waren die wichtigste Zielgruppe, und außerdem betätigte sich der Kurfürst selbst als Unternehmensgründer. Um das Ergebnis vorwegzunehmen: Sehr erfolgreich entwickelte sich das Vorhaben insgesamt nicht. Nur wenige Unternehmen gingen auf das Angebot ein, bis der Nachfolger des 1774 verstorbenen Emmerich Josef das Projekt dann auslaufen ließ.

Auch die Übersiedlung der enttäuschten Bolongaros aus Frankfurt hatte nicht die gewünschte Signalwirkung. Dabei hatte sich der Erzbischof punktgenau an seine Zusagen gehalten. Noch im Juli 1771 nahmen die Bolongaros Kontakt mit Mainz auf, handelten die genauen Bedingungen aus, stifteten einen ansehnlichen Betrag für die Sanierung des Mainzer Doms und bekamen bereits Mitte November das Bürgerrecht für sich und ihre Familien sowie einen Bauplatz nebst Material. Im Jahr darauf begannen sie mit dem Bau des noch heute bestehenden Bolongaropalastes, dessen Hauptgebäude 1775 beziehbar wurde, und der mit allen Nebengebäuden 1783 endgültig fertig gestellt war. Zwar verlegten die Brüder ihren Wohnsitz nach Höchst, und als Joseph Bolongaro 1779, ein Jahr vor seinem Bruder Jakob, starb, wurde er in der Justinuskirche beigesetzt. Ein Teil der Geschäfte wurde dennoch nach wie vor in Frankfurt abgewickelt; da die beiden nun Mainzer Bürger waren, konnte der Rat ihnen das aufgrund bestehender Verträge zwischen Kurfürstentum und Reichsstadt auch nicht verwehren. Steuern und Abgaben entrichteten sie aber in Mainz, genauer gesagt: entrichteten sie fast keine in Mainz. Schließlich waren ihnen weitgehende Steuer- und Abgabenfreiheit auf zwanzig Jahre ebenso zugesichert wie die Ermäßigung der Zölle auf Im- und Exporte. Dank dieser Sonderrechte und unternehmerischer Tüchtigkeit hatten sie auf dem europäischen Tabakmarkt eine Monopolstellung erlangt. Beim Tode der beiden Gründer wurde ein Vermögen vererbt, wie es noch keine Frankfurter Firma jemals aufzuweisen hatte. Durch Bürgerbrief und Adelsprädikat gelang der Familie in Kurmainz der gesellschaftliche Auf-

*Ein Haus wie für einen Fürsten, gebaut von einem erfolgreichen Kaufmann: der Bolongaropalast in Höchst.*

stieg, den ihr Frankfurt verweigert hatte. Dennoch zog es die Schwiegersöhne, die jetzt den Namen Bolongaro ihrem eigenen hinzufügten, wieder nach Frankfurt zurück. Ein zweites Mal wollte der Frankfurter Rat nicht auf die reichlichen Steuer- und Zolleinnahmen verzichten. Als Peter Franz Bolongaro-Crevenna 1780 seine Absicht zur Rückkehr bekundete und das Frankfurter Bürgerrecht beantragte, wurde es ihm 1783 verliehen.

Sein Schwager ließ sich auszahlen und eröffnete unter dem Namen Bolongaro-Simonetta ein eigenes Handels- und Bankhaus. Wegen der Steuervorteile wurde das Höchster Haus noch eine Weile gehalten, das Hauptgeschäft aber wieder von der Töngesgasse aus betrieben. Die Frankfurter Firma Bolongaro-Crevenna bestand noch bis 1910. Der Bolongaropalast beherbergt heute Büros der Frankfurter Stadtverwaltung, sein prächtiger Garten ist Schauplatz von Theateraufführungen – und nicht wenige Frankfurter Paare haben dort den Bund fürs Leben geschlossen. So lange wie die Bolongaros aber braucht heute kein Investor, den die Wirtschaftsförderungsgesellschaft der Stadt angeworben hat, mehr zu warten, bis er sich endlich einen Frankfurter nennen darf!

## Arzt, Regierungsberater und Querulant: Die ungleichen Gebrüder Senckenberg (18. Jahrhundert)

Der Name Senckenberg hat in Frankfurt einen bedeutenden Klang, mehr noch: der Name Senckenberg hat Frankfurt auch in der Welt bekannt gemacht. Jeder kennt das Naturkundemuseum und die Saurierausstellung; bekannt ist auch, dass die Bibliothek der Universität den Namen Senckenberg trägt. All dies und noch andere Stiftungseinrichtungen gehen zurück auf Johann Christian Senckenberg, der in Frankfurt als Arzt wirkte. Davon später mehr. Aber: Zeit seines Lebens stand Johann Christian Senckenberg ein wenig im Schatten seiner Brüder, des berühmten Juristen Heinrich Christian und des schwarzen Schafes der Familie Senckenberg, des zeitweiligen Frankfurter Senators Johann Erasmus.

An Heinrich Christian erinnern heute nur noch verstaubte Bücher und Aktenstücke. Aber zu seiner Zeit war er eine Berühmtheit im Deutschen Reich. Er war ein bedeutender Gelehrter, der an den Universitäten in Göttingen und Gießen unterrichtete. 1745 wurde er von Kaiser Franz I. zum Reichshofrat ernannt. Der Reichshofrat war eines der beiden höchsten Gerichte im Deutschen Reich zu jener Zeit – das andere war das Reichskammergericht in Wetzlar. Aber der Reichshofrat hatte eine besondere Bedeutung durch die Nähe zum Kaiser. Es war mehr als ein Gericht. Es war auch eine Behörde, die den Kaiser beraten sollte. Heinrich Christian Senckenberg wirkte im Reichshofrat bis zu seinem Tode 1768. Er war einer der fleißigsten und besten Juristen des Kaisers. Davon zeugen viele wissenschaftliche Werke, aber auch eine Unmenge an Akten, die er bearbeitet hat. Am kai-

*Berater des Kaisers, Jurist und Gelehrter: Heinrich Christian Senckenberg.*

serlichen Hof in Wien hatte er großen Einfluss. Der Kaiser selbst schätzte seinen Rat, und der Vizekanzler machte ihn zu seinem engsten Mitarbeiter. Trotz seiner vielen Verpflichtungen in Wien hat er zu seinen Brüdern in Frankfurt engen Kontakt gehalten und auch an den Entwicklungen in Frankfurt das Interesse nie verloren.

Dafür sorgte schon Johann Erasmus Senckenberg, der jüngste der Brüder. Er war ebenfalls ein hochbegabter Jurist, er war historisch belesen wie kaum ein Zweiter in Frankfurt, aber ihm mangelte es an Charakter. Sein Biograph weiß davon in deutlichen Worten zu berichten. Johann Erasmus sei „schon als Knabe eigenwillig, halsstarrig und wohlgemeinten Vorstellungen unzugänglich" gewesen. Diese schlechten Seiten scheint er nicht abgelegt zu haben. So „unbiegsam, eigenwillig und rücksichtslos wie Erasmus Senckenberg war wohl schwerlich jemals ein anderer Frankfurter", urteilt der Biograph und beschreibt ihn weiter als heißblütig, hartherzig, gewissenlos, rachgierig und lasterhaft. Das sind schwerlich Eigenschaften, die einen bedeutenden Mann auszeichnen. Aber Johann Erasmus ist wegen seiner Fähigkeiten hoch aufgestiegen und später wegen seines Charakters tief gefallen.

Johann Erasmus war schon 1746, mit knapp dreißig Jahren, in den Rat, die Stadtregierung, gewählt worden. Dort hat er seiner Heimatstadt und den Bürgern in vielen rechtlichen Fragen nutzen können. Ja, wegen seiner Verdienste ist er 1751, im gleichen Jahr wie sein Bruder Heinrich Christian, sogar zum Freiherrn ernannt worden! Aber schon bald hatte er es sich mit allen anderen Kollegen im Rat gründlich verdorben. Immer wieder bedrohte er seine Kollegen, beschimpfte sie und machte sie öffentlich zum Gespött. Dazu kam ein Lebenswandel, der viele Grenzen überschritt. Dass er bestechlich war und ein ausschweifendes Leben führte, mochten ihm die Ratsmitglieder noch nachsehen; viele von ihnen hielten es ähnlich. Aber er war auch gewalttätig und schreckte vor plumpen Dokumentenfälschungen nicht zurück. Im Jahr 1747 vergewaltigte er seine Köchin, die darauf ein Kind bekam; den sich anschließenden Prozess gegen ihn wusste er durch Winkelzüge um viele Jahre zu verzögern. Einer der Winkelzüge war ein durch Johann Erasmus selbst gefälschtes Protokoll, das viele Jahre später zu seiner Absetzung als Ratsherr führte.

Immer wieder hat sein älterer Bruder Heinrich Christian ihm zur Seite gestanden, und so lange er lebte, traute sich der Rat auch nicht zu, gegen Johann Erasmus energisch vorzugehen. Mit dem kaiserlichen Hof in Wien wollte man sich dann doch lieber nicht anlegen. Aber kurz nach dem Tod von Heinrich Christian war auch das Schicksal von Johann Erasmus besiegelt. Äußerer Anlass waren zwei Druckschriften, in denen er dem Rat die schlimmsten Verbrechen

*Endstation Hauptwache: Fast sein halbes Leben verbrachte Johann Erasmus, der dritte der Senckenberg-Brüder, in Gefangenschaft.*

vorwarf. Der Rat ließ ihn 1769 in der Hauptwache einsperren, beschuldigte ihn in einer umfassenden Anklageschrift einer Reihe von Verbrechen und beantragte gegen ihn die Todesstrafe. Zu einem regulären Prozess ist es nach dem Eingreifen des Kaiserhofes in Wien nie gekommen. Aber Johann Erasmus verbrachte den Rest seines Lebens – immerhin noch bis 1795 – als Gefangener in der Hauptwache. Sein Schicksal wurde weit über Frankfurt hinaus bekannt. So heißt es in der Deutschen Chronik von 1790: „In einer großen Reichsstadt, die ihrer Gerechtigkeit halber berühmt ist, schmachtet ein Greis von 74 Jahren in 22jähriger Gefangenschaft, nicht eines Verbrechens, sondern eines politischen Vergehens halber. O helft ihm, würdige Väter dieser Stadt; denn fürchterlich steigt der Angstschrei des Gefangenen durch's Kerkergerüst himmelan."

Das war natürlich übertrieben. Die Bedingungen der Gefangenschaft waren durchaus erträglich, und Johann Erasmus fand auch jetzt noch Mittel und Wege, Bürgern bei ihren Anliegen juristisch zu helfen und dem Rat damit zu schaden. Erst sein Tod 1795 befreite den Rat von einer andauernden Peinlichkeit – und machte den Weg frei dafür, dass fortan der Name Senckenberg mit dem mittleren der Brüder, nämlich Johann Christian, dauernd und positiv auch für die Stadt Frankfurt verbunden werden konnte.

Johann Christian ist im Gedächtnis der Nachwelt der bedeutendste der Brüder. Beruflich ist er seinem Vater gefolgt und wurde Arzt, dann Stadtarzt. Zu den Pflichten des Stadtarztes gehörten die Aufsicht über Apotheker, Ärzte und Hebammen, aber auch Untersuchungen im Auftrag des Rates und das öffentliche

Gesundheitswesen. Auch Johann Christian hatte seine Konflikte mit dem Rat, die sich um die Fragen der Gesundheitspolitik drehten. Seinen Unmut vertraute er aber dann doch nur seinen Tagebüchern an, und er hat nie zu den von seinem Bruder Johann Erasmus so geschätzten Beleidigungen und Beschimpfungen des Rates gegriffen. Auch praktizierte er weiterhin als Arzt. Er war den Naturheilmethoden aufgeschlossen und betrachtete Mäßigung als ein gesundes Lebensprinzip. Der Arzt solle Diener der Natur sein, nicht ihr Meister: Das war die ärztliche Grundeinstellung von Johann Christian.

Er war ein frommer Mann, dessen Glaube auch durch seine persönlichen Schicksalsschläge nicht gelitten hat. Er war dreimal verheiratet, und dreimal war er nach nur wenigen Jahren der Ehe wieder verwitwet. Seine beiden Kinder starben noch in jungen Jahren; somit besaß er keine Erben. Johann Christian hatte im Lauf der Zeit ein stattliches Vermögen angesammelt und schon früh die Idee gehabt, damit eine Stiftung für das Gemeinwohl seiner Heimatstadt zu errichten. Damit hat er noch zu Lebzeiten begonnen. Das Grundanliegen seiner Stiftung war die Verbesserung der

*Mit ihm verbindet man den Namen Senckenberg: Johann Christian, der Arzt, Naturforscher und Stifter auf einem Porträt im Bürgerhospital.*

medizinischen Versorgung seiner Stadt. 1766 kaufte er ein Haus am Eschenheimer Tor. Dieses Haus wurde nach seinem Tod Stiftungshaus. Dort sollten sich die Ärzte der Stadt regelmäßig treffen, sollten medizinische Probleme diskutieren und sich weiterbilden. Seine umfangreiche Bibliothek sollte der Bildung der Ärzte dabei zugute kommen. Ein medizinischer Garten diente der Bereitstellung von Arzneipflanzen; seit seiner Doktorarbeit hatte sich Senckenberg vor allem für die heimischen Arzneipflanzen interessiert. Ein anatomisches Institut und ein chemisches Laboratorium ergänzten die Einrichtungen des Stiftungsgeländes. 1771 wurde der Bau eines Bürgerhospitals begonnen. Bis zu diesem

Zeitpunkt gab es in Frankfurt nur ein Krankenhaus, das Hospital zum Heiligen Geist – und das stand Frankfurter Bürgern nur in Ausnahmefällen zur Verfügung. Senckenberg hat mit diesen Einrichtungen eine neue Grundlage für das Medizinwesen in Frankfurt gelegt. Sie bildeten später die Grundlage für die medizinische Fakultät der Universität Frankfurt.

Senckenberg hat die Fertigstellung des Bürgerhospitals nicht mehr erlebt. Er ist, als er im November 1772 den Uhrturm des Hospitals inspizieren wollte, vom Baugerüst gestürzt und wenig später seinen Verletzungen erlegen. Seine Stiftung aber lebte weiter und wuchs, auch durch Spenden und Stiftungen anderer Frankfurter Bürger. Die Senckenbergische Naturforschende Gesellschaft, 1817 gegründet, entwickelte sich zum Zentrum der Naturwissenschaften im Frankfurt des 19. Jahrhunderts. Noch heute steht der Name Senckenberg in Frankfurt für diese naturwissenschaftliche Tradition, und auch das Bürgerhospital existiert noch, wenn auch an anderer Stelle. Nicht die beiden Juristen der Familie Senckenberg haben historisch das letzte Wort gehabt, sondern der stillere, bescheidenere „Bruder Arzt". Er ist Vorbild geworden für eine Kultur des Stiftens, die heute eine der großen Traditionen der Stadt Frankfurt am Main ist.

## Aus dem Ghetto in den Chefsessel: Mayer Amschel Rothschild (1744-1812) und seine Söhne

Von all den märchenhaften Karrieren, die in Frankfurt immer möglich sind, ist die von Mayer Amschel Rothschild und seinen Söhnen sicherlich die erstaunlichste. Aus einfachen Anfängen im Frankfurter jüdischen Ghetto schafften es Mayer Amschel und seine Söhne, zu einer europäischen Finanzmacht zu werden. Frederic Morton, der eine Geschichte der Rothschilds geschrieben hat, urteilt sogar, die Rothschilds seien die erfolgreichste Familie in der Geschichte der Neuzeit!

All dies war Mayer Amschel Rothschild nicht in die Wiege gelegt. Er wuchs heran in der Enge des jüdischen Ghettos in Frankfurt. Juden durften damals nur in dieser einen, abgeschlossenen langen und schmalen Straße wohnen, und sie waren strengen Einschränkungen unterworfen. Sie durften nur bestimmte Berufe ausüben, mussten eine Vielzahl von Sonderabgaben entrichten und durften an Sonn- und Feiertagen das Ghetto nicht verlassen. Juden waren in Frankfurt – wie auch in anderen Städten in Deutschland – noch nicht einmal

Bürger zweiter Klasse. Sie waren eine unterdrückte und ausgegrenzte Minderheit, standen aber zumindest in Frankfurt unter dem Schutz des Kaisers. Damals war es vielerorts üblich, dass die Häuser statt Hausnummern Namen trugen – und von dem Haus „Rotes Schild" leitet sich der Name Rothschild ab. In diesem Haus hatten die Vorfahren von Mayer Amschel gewohnt und den Namen nach dem Umzug beibehalten.

Mayer Amschel wird zunächst auf eine Talmudschule in Fürth geschickt. Doch der frühe Tod der Eltern verhindert eine Laufbahn als Rabbiner. Durch Hilfe von Verwandten erhält er eine Lehrstelle in Hannover beim Bankhaus Oppenheimer. Aber er bleibt nicht in Hannover, wo er eine sichere Stellung hat, sondern kehrt 1764 wieder nach Frankfurt zurück. Dort beginnt er, sich eine Existenz als kleiner Händler und Geldwechsler aufzubauen. Seine Leidenschaft jedoch gehört seltenen Münzen; er sammelt und katalogisiert sie und verschickt seine Kataloge an interessierte Kunden. Einer davon ist General von Estorff, den Mayer Amschel schon in Hannover kennen gelernt hatte. Der General stellt den Kontakt her zu Wilhelm, dem Erbprinzen zu Hessen, der zu dieser Zeit Graf von Hanau war.

Das ist eine schicksalhafte Begegnung für beide Männer. Deswegen muss zu Wilhelm an dieser Stelle einiges gesagt werden. Er hatte 1760, im Alter von 17 Jahren, die Grafschaft Hanau geerbt, wurde nach dem Tod seines Vaters 1785 regierender Landgraf von Hessen-Kassel und 1803 Kurfürst von Hessen. Er war einer der reichsten Fürsten seiner Zeit, und er zeigte seinen Reichtum auch gerne durch prunkvolle Bauten. Die Kuranlage von Wilhelmsbad in Hanau hat er ebenso erbauen lassen wie Schloss Wilhelmshöhe in Kassel. Aber Wilhelm war noch für etwas anderes bekannt und berüchtigt: Er „vermietete" seine Soldaten. Männer, die nicht immer freiwillig Soldat geworden waren, wurden gegen Geldzahlungen an England ausgeliehen. Viele von ihnen haben im amerikanischen Unabhängigkeitskrieg gekämpft. Für jeden Soldaten, der im Kampf fiel, erhielt Wilhelm noch einmal Ausgleichszahlungen aus England. Ein einträgliches Geschäft auf Kosten seiner Untertanen! Wilhelm vermehrte sein Geld aber auch damit, dass er anderen Fürsten Geld gegen Zinsen verlieh. Wilhelm war also eine Art fürstlicher Bankier – und Mayer Amschel wurde im Lauf der Jahre sein wichtigster Vermögensverwalter.

Der Anfang ist bescheiden: kleine Aufträge, kleine Geschäfte. Aber es ist einträglich. Mayer Amschel wird 1769 Hoflieferant, ein Titel, der seine geschäftlichen Beziehungen zum Hof in Hanau öffentlich sichtbar macht. Dieser Titel stellt ihn im Ghetto besonders heraus; er erleichtert ihm auch das Reisen. Ein Jahr später heiratet er die jüdische Kaufmannstochter Gudula Schnapper, mit der er insgesamt zwanzig Kinder hat, von denen aber nur zehn überleben. 1785 kauft er das

*Die Wiege einer Dynastie: Das Haus „Grünes Schild" in der Frankfurter Judengasse. Als das Foto gemacht wurde (um 1870), war das Ghetto bereits aufgehoben.*

Haus „Grünes Schild" in der Judengasse; es wird die Wiege der Dynastie der Rothschilds.

Der rasante Aufstieg von Mayer Amschel fällt in die Zeit der revolutionären Wirren. In Frankreich hatte 1789 das Volk den König entmachtet und später hingerichtet. Andere europäische Mächte versuchen, die Ideen der Revolution einzudämmen und die alte Ordnung wieder herzustellen. Die daraus entstehenden kriegerischen Auseinandersetzungen verändern über die nächsten fünfundzwanzig Jahre die Landkarte Europas. Erst 1815, nach der endgültigen Niederlage Napoleons, kann zumindest ein Teil der alten Ordnung wieder hergestellt werden.

Die Beziehungen zum Hof des Landgrafen sind über die Jahre enger geworden. Mayer Amschel fungiert als Mittler zwischen dem Landgrafen und den Frankfurter Banken, und er profitiert dank einer guten Geschäftsidee auch indirekt vom Soldatenhandel. Mitte der neunziger Jahre wächst sein Vermögen schnell an. Die Sternstunde von Mayer Amschel kommt allerdings 1806. Napoleon besetzt Frankfurt am Main, und Hessen-Kassel hört auf zu existieren. Wilhelm geht nach Dänemark ins Exil, zu seinem königlichen Onkel, den er zwei Jahre zuvor mit der Hilfe von Rothschild vor dem Staatsbankrott bewahrt hat. Mayer Amschel hat den Auftrag, das Vermögen von Wilhelm zu verwalten, und er tut dies geschickt und konspirativ und weiß es mit Hilfe seines in England lebenden Sohnes Nathan den Nachstellungen der Franzosen zu entziehen. Nathan legt das Geld gewinnbringend an – sowohl für Wilhelm als auch für die Familie Rothschild. Und indirekt wird mit dem Geld auch der Kampf gegen Napoleon unterstützt; viele Millionen englische Pfund kommen den Verbündeten Englands im Kampf gegen Napoleon zugute.

Mittlerweile sind die Söhne von Mayer Amschel in die Geschäfte mit eingebunden. Die Rothschilds sind ein Familienbetrieb. Mayer Amschel legt das Hausgesetz fest: Alle Schlüsselstellungen dürfen nur von den männlichen Nachkommen der Familie besetzt werden. Die fünf Söhne von Mayer Amschel grei-

*Von Frankfurt aus in alle Welt: Mayer Amschel Rothschild und seine Nachkommen.*

fen nach Europa aus. Nathan geht nach England, Jakob (James) nach Paris, Salomon nach Wien, Kalmann (Carl) nach Neapel, und Amschel Mayer, der älteste Sohn, bleibt in Frankfurt. Sie erarbeiten sich in den folgenden Jahren und Jahrzehnten höchste Stellungen in ihren Ländern und bauen eigene Unternehmen auf. Aber als Familie bleiben sie in engem Kontakt miteinander, tauschen sich aus, unterstützen sich gegenseitig. Vor allem aber: Die Familie verheiratet sich untereinander mit den Vettern und Cousinen ersten und zweiten Grades. Das stärkt den Zusammenhalt der Familie, die sich lange noch als Einheit betrachtet. Und schließlich, ein weiteres Geheimnis des Erfolgs: Die Rothschilds sind verschwiegen, zuverlässig, und sie können auch einmal auf einen Profit verzichten, wenn es gilt, der Konkurrenz ein Schnippchen zu schlagen. Sie sind, wie man heute sagen würde, ein Team; sie unterstützen sich gegenseitig und sind dadurch stark.

Als Mayer Amschel 1812 stirbt, ist er ein vermögender Mann. Kurz vor seinem Tod hat er noch die Genugtuung gehabt, die rechtliche Gleichstellung zu den Frankfurter Bürgern zu erhalten. Alle Söhne setzen die Erfolgsgeschichte von Mayer Amschel fort und kommen zu phantastischem Reichtum. Sie bauen Schlösser und Paläste, sind treibende Kraft beim Eisenbahnbau in Frankreich und Österreich, und sie werden die wichtigsten Geldgeber der europäischen Fürstenhäuser. Sie sind im 19. Jahrhundert die reichste Familie Europas. Mit dem Reichtum kommen auch gesellschaftliche Anerkennung und Ehre. Sie werden geadelt und gehen bei den Mächtigen Europas ein und aus. Wie groß ihr Einfluss ist, verrät eine kleine Anekdote. Die Witwe von Mayer Amschel, Gudula Rothschild, die hoch betagt im Jahr 1849 stirbt, wird einmal von einer Nachbarin aufgesucht. Diese klagt, ihr Sohn sei zu den Soldaten eingezogen worden und sie habe Angst um ihn. Ob es denn Krieg geben werde? Selbstbewusst hat die alte Frau darauf geantwortet: „Es gibt keinen Krieg, meine Söhne geben dafür kein Geld." Darin steckte ein wahrer Kern. Die Rothschilds hatten sich binnen weniger Jahrzehnte zu einer einflussreichen Macht entwickelt, die über Krieg und Frieden in Europa mit entscheiden konnte!

*Mutter von zwanzig Kindern: Gudula Rothschild.*

Aber die Rothschilds sind nicht nur geschickte Bankiers und Geschäftsleute. Die

Söhne und Enkel setzen fort, was auch für Mayer Amschel selbstverständlich war: Ihr Reichtum kommt auch der Allgemeinheit zugute. Sie stiften, spenden, unterstützen. Allein in Frankfurt entstehen über zwanzig Stiftungen. Sie fördern Kunst und Kultur, Wissenschaft und karitative Aufgaben, werden zu prominenten Fürsprechern der jüdischen Gemeinden. Sie versuchen sich auch höchst erfolgreich auf anderen Geschäftsfeldern; bis heute tragen die besten französischen Rotweine ihren Namen. Aus der Familie gehen Künstler hervor, Wissenschaftler, Politiker, aber auch exzentrische Einzelgänger, die den Stoff für viele Anekdoten liefern. Vor allem aber haben die Rothschilds dazu beigetragen, dass die Juden in Europa gleichberechtigt wurden. Auch hier gibt es viele Geschichten zu erzählen. So war Salomon Rothschild, als er nach Wien kam, gezwungen, über viele Jahre in einem Hotel zu wohnen, weil Juden keinen Grundbesitz in Österreich erwerben durften. Als er 1848 Wien verließ, war er einer der größten Grundbesitzer in Österreich. Und Lionel Rothschild, der Enkel von Mayer Amschel, schaffte es nach jahrelangen harten Kämpfen, als erster jüdischer Abgeordneter im englischen Parlament zugelassen zu werden.

Und Frankfurt? Lange blieb die Familie mit Frankfurt eng verbunden. Gudula Rothschild war, trotz des Reichtums ihrer Söhne, im Haus „Grünes Schild" wohnen geblieben. Nach einer Familientradition sollten alle Hochzeiten der Familie in Frankfurt stattfinden, nachdem Braut bzw. Bräutigam sich im Haus „Grünes Schild" vorgestellt hatten. Während einer solchen Hochzeit verstarb Nathan Rothschild, der es in England zu Macht und Ansehen gebracht hatte. Das Frankfurter Stammhaus wurde von Amschel Mayer weitergeführt. Da er kinderlos starb, übernahmen seine Neffen Mayer Carl und Wilhelm Carl die Frankfurter Geschäfte. Nach ihrem Ableben 1886 bzw. 1901 wurde das Frankfurter Haus Rothschild geschlossen. Das Haus „Grünes Schild" war nach dem Tod von Gudula Rothschild zum Museum umgebaut worden. Es wurde eine Touristenattraktion, ähnlich wie das Goethehaus. Es fiel den Bomben im Zweiten Weltkrieg ebenso zum Opfer wie das große Bankhaus an der Fahrgasse, dessen Bau noch zu Lebzeiten von Mayer Amschel begonnen wurde. Der Rothschildpark, der an die Familie erinnert, gehört ebenso der Stadt Frankfurt wie das Rothschildpalais am Untermainkai, das heute das Jüdische Museum beherbergt.

In Frankfurt wie auch in Wien ist die Tradition der Rothschilds durch die nationalsozialistische Diktatur beendet worden. Ihr Vermögen wurde enteignet, die Mitglieder der Familie wurden verfolgt und wanderten aus. So erlosch auch der österreichische Zweig. Heute wird das Bankhaus Rothschild, das immer noch ein Familienunternehmen und eine beachtliche Größe in der internationalen Finanzwelt darstellt, von London und Paris aus gesteuert. Seit 1989 gibt es eine Zweigstelle des Bankhauses in Frankfurt. Damit ist der Name Rothschild wieder mit Frankfurt verknüpft, auch wenn die Familie längst den unmittelbaren Bezug zu der Stadt verloren hat, in der Mayer Amschel und seine fünf Söhne die Grundlagen des Familienimperiums gelegt haben.

## „Der Friederich, der Friederich, das war ein arger Wüterich …"
## Der Arzt und Autor Heinrich Hoffmann (1809-1894)

„Wenn in schlimmen Zeiten der Doktor in das Zimmer tritt, fängt der kleine kranke Engel an zu heulen, sich zu wehren und um sich zu treten. Eine Untersuchung des Zustandes ist schlechterdings unmöglich; stundenlang aber kann der Arzt nicht den Beruhigenden, Besänftigenden machen. Da half mir gewöhnlich rasch ein Blättchen Papier und Bleistift; eine der Geschichten, wie sie in dem Buche stehen, wird rasch erfunden, mit drei Strichen gezeichnet und dazu möglichst lebendig erzählt. Der wilde Oppositionsmann wird ruhig, die Tränen trocknen, und der Arzt kann spielend seine Pflicht tun."

So schilderte sein Schöpfer die Entstehung des wohl erfolgreichsten Kinderbuches der Welt, des „Struwwelpeter". Es machte seinen Autor, den Frankfurter Arzt Dr. Heinrich Hoffmann, zu einem berühmten Mann. Aber auch ohne diesen Weltbestseller war dieses echte Multitalent ein bedeutender Mann, auf den seine Heimatstadt stolz sein kann.

Heinrich Hoffmann wurde am 13. Juni 1809 in Frankfurt geboren. Sein Vater Philipp war Architekt mit einer Schwäche für Theater und Schauspieler, betrieb eine Zeichenschule für Handwerker, baute Wohnhäuser, in denen die Familie häufig bis zum Verkauf selbst wohnte, und wurde schließlich zum Inspekteur des Wasser-, Wege- und Brückenbaus ernannt. Auf seine Planungen gehen Kaistraßen am Main und eine Wasserleitung von der Friedberger Höhe nach Frankfurt zurück. Die Mutter, die einer wohlhabenden Kaufmannsfamilie entstammt, starb früh, worauf der Vater – damals keineswegs ungewöhnlich – deren Schwester heiratete.

Mit Reichtümern war die Familie nicht gesegnet, zumal der geschäftliche Misserfolg eines Verwandten auch Philipp Hoffmann um seine Ersparnisse brachte. Wenn der junge Heinrich schon keine reiche Erbschaft erwarten konnte, so wusste er doch aus seinen Talenten zum Zeichnen und Planen, zum logischen Denken und Organisieren, aus Führungskompetenz und Kreativität etwas zu machen. Freilich keinen Baumeister oder Beamten: Da, so verwies der Vater auf die eigene Lebenserfahrung, käme man zu nichts. Die Bürokratie oder ignorante Vorgesetzte machten doch jedes Projekt zunichte. Aber als Arzt, da habe man zugleich die Freiheit des Handelns sowie das Vertrauen und die Achtung der Mitmenschen.

Hoffmann junior folgte dem Rat des Vaters und studierte Medizin in Heidelberg und Halle. Von ständigen Geldsorgen geplagt, fand er dennoch Anschluss an das gesellige, „fidele" Studentenleben. Politisch waren es unruhige Zeiten. Die Studenten und viele Bürger vor allem in den großen Städten verlangten Reformen, insbesondere den Zusammenschluss der zahlreichen deutschen Kleinstaaten zu einem einigen Deutschen Reich. Dieses sollte eine Verfassung bekommen, die der Bevölkerung demokratische Mitwirkungsrechte garantierte. Dem konnten Könige, Fürsten und Stadträte meist wenig abgewinnen, und wer allzu lautstark für den Wandel eintrat, riskierte ziemlich sicher berufliche Schwierigkeiten, bisweilen Exil, häufig Haftstrafen und bei Zusammenstößen mit Polizei und Militär auch Kopf und Kragen. Hoffmann war klug genug, sich auf Anraten des Vaters, der ihn über die Entwicklung daheim, vor allem die Frankfurter Unruhen der Jahre 1832 und 1833, auf dem Laufenden hielt, von offener politischer Betätigung fernzuhalten.

Finanziell völlig abgebrannt, musste er sein Hallenser Doktorexamen in einer geborgten Hose ablegen, und nur ein Stipendium ermöglichte dem künftigen Mediziner ein Studienjahr in Paris, um seine klinische Ausbildung vor allem in der Chirurgie zu vervollkommnen.

Die Nachricht von der schweren, letztlich tödlichen Erkrankung des Vaters veranlasste ihn 1834 zur vorzeitigen Rückkehr an den Main. Hier machte sich die deutsche Kleinstaaterei nicht nur politisch, sondern ganz konkret bemerkbar: Das im preußischen Halle bestandene Examen wurde in der Freien Stadt Frankfurt nicht anerkannt und musste hier noch einmal abgelegt werden, was Hoffmann mangels Geld für die nötigen Gebühren mehrfach verschieben musste.

Schließlich konnte er sein Examen ablegen. Da Frankfurt keine eigene Universität besaß, waren seine Kollegen in einer Zeit rasanter wissenschaftlicher Entwicklungen an seinen Pariser Erfahrungen in der Chirurgie interessiert. Die Honorare für die Vorträge brachten auch noch etwas ein, dazu wurde er zum medizinischen Inspekteur des neuen Leichenhauses auf dem Friedhof Sachsenhausen bestellt. Zum Leben reichte das allerdings nicht, zumal der 25-jährige Mediziner nun auch für seine beiden Schwestern und die Stiefmutter aufkommen musste. Eine Privatpraxis brachte zusätzliche Einkünfte, auf die er indes gern verzichtet hätte: Er habe es, gesteht er in seinen Erinnerungen, nie sonderlich geschätzt, Patienten und Honoraren hinterherzulaufen, und immer nach einer festen Anstellung gestrebt.

Im selben Jahr betrieb er mit fünf weiteren Kollegen die Gründung einer aus Spenden finanzierten Armenklinik, in der regelmäßige Sprechstunden und stationäre Behandlung für Arme angeboten wurden, die sich sonst keine ärztliche Hilfe leisten konnten. Aus dieser Gruppe entstand neun Jahre später der „Ärztliche Verein"; solche Medizinervereinigungen bildeten sich in vielen großen Städten, dienten einerseits als eine Art Interessenvertretung, andererseits – sogar mit einer eigenen Zeitschrift – der gegenseitigen Information und Weiterbildung. Auch setzte man sich für Medizinalreformen ein, beispielsweise für verbesserte Hygiene durch eine moderne Kanalisation.

Hoffmann diente dem Verein lange als Präsident und Schriftführer. Seine, wie er es selbstironisch beschrieb, „absonderliche Liebhaberei, allerlei Gesellschaften und Vereine zu gründen", kennzeichnet ihn als geselligen Menschen und fähigen Organisator, der Verantwortung übernehmen und Dinge in Bewegung bringen konnte. Viele Jahre engagierte er sich im Verwaltungsrat des Städel, gründete eine Mozartstiftung und gehörte einer Freimaurerloge an, die er indes später wieder verließ. Im Jahre 1838 gehörte er zu den Mitveranstaltern des ersten Deutschen Sängerfestes, das keineswegs eine harmlose musikalische Veranstaltung war, sondern ebenso wie die zahlreichen Turn-, Schützen- und anderen Feste Menschen aus ganz Deutschland zusammenführen und der gesamtdeutschen Einigungsbewegung Schwung verleihen sollte.

Viele andere Clubs, Kränzchen und Zirkel indes dienten eher der Geselligkeit. Hier war Hoffmann bei vielen Anlässen besonders wegen seiner poetischen Talente gern gesehen – als „Gelegenheitsversemache" und „Festpoet", dessen Texte und Vorträge, Karikaturen und Satiren, vielfach in Versform, geistreich, ironisch und humorvoll sehr geschätzt waren; er hat mit derlei schriftstellerischen, darunter auch wissenschaftlichen Arbeiten, durchaus einiges Geld verdient. Nichts davon reichte freilich an den Geniestreich des „Struwwelpeter" heran. Hoffmann, der 1840 geheiratet hatte, wollte seinem Sohn zu Weihnachten ein Bilderbuch schenken, fand aber nichts Passendes. Die aus seinen Skizzenbüchern zusammengestellten und mit Versen versehenen Lehr- und Warngeschichten trafen nach dem Weihnachtsfest bei Familie und Freunden auf so großen Zuspruch, dass Hoffmann zunächst eine Startauflage von 1.500 Exemplaren drucken ließ. Die waren in kürzester Zeit verkauft, und noch zu Lebzeiten des Autors erschienen zahlreiche Übersetzungen: „Der Schlingel hat sich die Welt erobert, ganz friedlich", konnte der stolze „Vater" feststellen; sogar Kaiser Wilhelm I. lud ihn einmal ein und präsentierte sich als Struwwelpeter-Kenner.

Papa, wir gratuliren Dir!

*Der Struwwelpeter führt sie an: Heinrich Hoffmanns Kinderbuchfiguren gratulieren ihrem Erfinder zum Geburtstag.*

Tatsächlich hatte Hoffmann die erste Auflage noch unter einem Pseudonym erscheinen lassen, fürchtete er doch um seinen Ruf als ernsthafter Arzt. Denn als Mediziner schuf er das, was er als sein eigentliches Lebenswerk ansah. Von 1845 bis 1851 leitete er die „Senckenbergische Anatomie", an der Leichen seziert und eine medizinische Lehrsammlung unterhalten wurde.

Es blieb nicht aus, dass ein zwar nicht reicher, aber angesehener Arzt, der wegen seines gesellschaftlichen Engagements, seiner Bildung und seines Humors überall gern gesehen war und sich überall sehen ließ, auch das Interesse der politischen Öffentlichkeit auf sich zog. Seine „Vereinsmeierei" erstreckte sich auch auf die Gründung eines Bürgervereins, und er gehörte dem Vorläufer der heutigen Stadtverordnetenversammlung an. Da er gemäßigten liberalen Ansichten zuneigte und aktiv für die deutsche Vereinigung unter preußischer Führung eingetreten war, entsandten ihn Frankfurts Bürger im

Revolutionsjahr 1848 in das „Vorparlament", das die Paulskirchenversammlung vorbereitete.

Letztlich konnte er dem politischen Betrieb zu wenig abgewinnen, als dass sein Ausflug in dieses Geschäft von Dauer gewesen wäre. Ein Andenken freilich blieb: Von diesem Jahr an hat er sich nicht mehr rasiert und war nach eigenem Bekunden der einzige vollbärtige Arzt im damaligen Frankfurt. Im Jahre 1851 bewarb er sich mit Erfolg auf die frei gewordene Stelle eines Arztes an der „Anstalt für Irre und Epileptische". Das war das „bedeutendste Jahr seines Lebens" und sollte sein berufliches Dasein für die nächsten 37 Jahre bestimmen. In erster Linie praktischer Arzt und Anatom hatte er seinen künftigen Wirkungsbereich noch nie von innen gesehen – und war entsetzt über die Zustände, die weder dem Stand der Wissenschaft noch seinen eigenen Vorstellungen von einer humanen Behandlung geisteskranker Patienten entsprach.

Angesichts der beengten räumlichen Verhältnisse konnte nur ein kompletter Neubau Abhilfe schaffen. Um dafür die nötigen Mittel und Genehmigungen aufzutreiben, nutzte Hoffmann seine gesellschaftliche Stellung, seine beachtlichen politischen Talente und Erfahrungen sowie seine publizistischen Fähigkei-

*Hoffmanns größte Schöpfung war die neue „Anstalt für Irre und Epileptische" im Norden der Stadt.*

ten mit einem Geschick, das jedem heutigen Wahlkämpfer und PR-Manager alle Ehre gemacht hätte. Am Ende hatte seine Kampagne Erfolg: Spenden und Grundstückszuwendungen außerhalb der Stadtmauern, zu denen auch ein Baron Rothschild und Stadtgärtner Rinz, der Gestalter des Anlagenrings, beitrugen, erlaubten 1859 den Baubeginn. Über die Spenden jüdischer Frankfurter setzte er für sie das Recht der Behandlung in der neuen „Irrenanstalt" durch und verwirklichte ein Stück Gleichberechtigung für Frankfurts Juden im öffentlichen Gesundheitswesen, was ihm immer ein Anliegen gewesen war.

Da er zunächst wenig von seinem neuen Aufgabenbereich verstand und seine neue Klinik nach dem neuesten Stand erbauen und einrichten wollte, verwendete er mehrere Urlaube zu medizinischen Bildungsreisen, bei denen er sich in europäischen Großstädten moderne psychiatrische Krankenhäuser ansah und über die dortigen Behandlungsmethoden unterrichtete. Im Mai 1864 konnten die einhundert Kranken und das Pflegepersonal in das neue Haus einziehen. Bange Stunden brachte der Preußisch-Österreichische Krieg zwei Jahre später, als die Anstalt unter Kanonenbeschuss geraten wäre, wenn sich die Frankfurter den Preußen nicht kampflos ergeben hätten – was Hoffmann ebenso begrüßte wie den Anschluss an das Königreich Preußen, auf den er 1848 schon gehofft hatte.

Fast vier Jahrzehnte arbeitete er daran, psychisch Kranke nicht mehr als Sicherheitsrisiko wegzusperren, sondern als Patienten anzusehen, deren Gesundheitszustand es nach Möglichkeit dauerhaft zu bessern oder doch wenigstens zu stabilisieren galt, sodass sie ein einigermaßen menschenwürdiges Leben führen konnten. Als Pionier der modernen Sozialpsychiatrie wirkte er daran mit, dass sich das Berufsbild des „Irrenarztes" zu dem des Psychiaters unserer Zeit fortentwickelte. Über eine „Rente mit 67" hätte er wohl nur den Kopf geschüttelt – erst im Alter von 80 Jahren trat er 1888 in den Ruhestand, den er in einer großen Wohnung im Grüneburgweg 95 mit viel kulturhistorischer Lektüre und gelegentlichen Konzertbesuchen noch sechs Jahre genießen konnte.

Sein medizinisches Lebenswerk, die „Anstalt für Irre und Epileptische" auf dem Affenstein musste 1930 dem Neubau des „I.G. Farben-Hauses" weichen, der heute die Universität beherbergt. Der „Struwwelpeter" freilich ist zu einem Stück Weltliteratur geworden; es gibt nur wenige Sprachen, in denen man das Buch nicht erwerben kann, und die Weltauflage wird auf über 25 Millionen Exemplare geschätzt.

„Wenn ich so berühmt geworden wäre, dass man mir Gedenktafeln an meinen einstigen früheren Wohnorten wollte anbringen lassen, so wäre das eine kostspielige und viel Marmor verbrauchende Arbeit. Ich gratuliere der Stadt, dass sie solcher Ausgaben überhoben ist," schrieb Hoffmann mit Blick auf seine vielen Umzüge. So sparsam ging Frankfurt mit seinem Andenken dann doch nicht um. Ein Gedenkstein am Standort seines Geburtshauses in der „Fressgass", eine Tafel an seinem letzten Wohnsitz, die Brunnen mit Struwwelpeterfiguren an der Hauptwache und im Stadionbad, vor allem das Autor und Werk gewidmete Museum in der Schubertstr. 20 im Westend – im Internet zu erreichen unter www.struwwelpeter-museum.de – halten die Erinnerung an den Arzt und Autor lebendig.

## Ein Star in Frankfurt: Clara Schumann (1819-1896)

Ihre Lebensgeschichte war reich an Höhen und Tiefen, an dramatischen Episoden, an glücklichen Tagen ebenso wie an traurigen Momenten. Es war ein außergewöhnliches Leben, und Hollywood hat ihre Lebensgeschichte 1947 mit Katharine Hepburn in der Hauptrolle verfilmt. Sie ist vielleicht die einzige Frankfurterin, der Hollywood eine solche Aufmerksamkeit zuteil werden ließ.

Clara Schumann zu einer Frankfurterin zu erklären, hätte sie vielleicht selbst verwundert. Sie hat nur die letzten achtzehn Jahre ihres Lebens in der Mainstadt verbracht, als Lehrerin am Dr. Hoch'schen Konservatorium. Da war sie schon eine europäische Berühmtheit, eine gefeierte Pianistin, die auch unermüdlich für das Werk ihres 1856 verstorbenen Mannes Robert Schumann warb. Geboren wurde sie in Leipzig als Clara Wieck, Tochter des Klavierfabrikanten und Musikpädagogen Friedrich Wieck.

Die für Hollywood interessante Geschichte beginnt mit einer Liebesromanze. Clara war Klavierschülerin ihres Vaters, der sie zu einem musikalischen Wunderkind heranbilden wollte. Ihr erstes Konzert im Leipziger Gewandhaus absolvierte sie mit neun Jahren. Das war der Beginn einer von ihrem Vater ehrgeizig vorangetriebenen Karriere als Pianistin. Weitere Auftritte und Tourneen folgten, bis nach Paris und Wien.

1830 erscheint ein junger Mann im Hause Wieck: Robert Schumann. Er will Schüler bei Wieck werden, und dieser verspricht, ihn „zu einem der größten lebenden Klavierspieler zu bilden". Aus der pianistischen Laufbahn wird nichts. Robert ruiniert sich mit einer selbst gebauten Apparatur, die ihm bei technischen Problemen des Klavierspielens helfen soll, die Hand; die Karriere als Pianist ist beendet. Aber Schumann ist ein genialer Komponist, der neue Wege geht. Schon bald nimmt Clara Klavierwerke von Schumann in ihr Konzertrepertoire auf, sehr zum Unwillen ihres Vaters. Aber nicht nur musikalisch verstehen sich beide glänzend. 1837 macht Schumann der achtzehnjährigen Clara einen Heiratsantrag. Vater Wieck ist sehr dagegen und versteht es, seine Einwilligung immer wieder hinauszuzögern. Schließlich rufen Clara und Robert ein Gericht an, um ihre Heirat gegen Wieck erzwingen zu können. Das Gericht gibt ihnen Recht, und sie heiraten im Jahr 1840.

Robert hat es schwer, beruflich Fuß zu fassen. Clara setzt ihre Karriere als Pianistin fort, sehr zum Unwillen ihres Mannes. Eine Frau, die ihren Beruf liebt und ihr Glück nicht nur als Ehefrau und Mutter sieht, das war in der damaligen Zeit sehr ungewöhnlich. Aber sie trägt damit auch zum Lebensunterhalt der immer größer werdenden Familie bei. Schließlich sind es sieben Kinder, die im Schumann'schen Haushalt leben. Von den Einkünften Roberts allein lässt sich das nicht finanzieren. Clara ist immer wieder auf Tournee, führt ein aufreibendes Leben zwischen Familie und Beruf. Die Familie wohnt zunächst in Leipzig, dann in Dresden, schließlich in Düsseldorf, wo Robert eine Stelle als Städtischer Musikdirektor bekommen hat. Nun kommt eine schwere Krankheit hinzu. Robert, der zunehmend unter Depressionen leidet, stürzt sich 1854 in den Rhein. Er überlebt, wird aber in eine Nervenheilanstalt bei Bonn gebracht. Sein Zustand verschlimmert sich, schließlich stirbt er 1856.

*Auf Tourneen in Dänemark, England und Russland: Clara Schumann war eine Pianistin von europäischem Rang.*

Clara muss nun alleine für die Familie sorgen. Sie dehnt ihre Konzertreisen aus, geht auf Tournee durch Dänemark, England, Russland. Immer wieder ist sie von ihren Kindern entfernt. Aber sie wird eine Pianistin von europäischem Rang. Sie macht die Musik von Robert überall bekannt, unterstützt aber auch andere Komponisten wie Johannes Brahms. Nach vielen unruhigen Wanderjahren nimmt sie 1878 ein Angebot an, als Lehrerin an das neu gegründete Dr. Hoch'sche Konservatorium nach Frankfurt zu kommen. Das Konservatorium verdankt sich einer Stiftung des Frankfurter Bürgers Joseph Hoch, der sein gesamtes Vermögen der Förderung der

*Sie prägte das Frankfurter Musikleben: Clara Schumann gab ihre künstlerischen Fähigkeiten an Schülerinnen und Schüler weiter.*

Musik und der Ausbildung musikalischer Talente vermacht hatte. Dies tut das Konservatorium noch heute und ist eine der ersten Adressen in der Musikerziehung in Frankfurt.

Clara hat einen vorteilhaften Vertrag ausgehandelt. Sie muss täglich eineinhalb Stunden unterrichten, hat vier Ferienmonate und kann sich für Konzertreisen von ihrer Lehrverpflichtung befreien lassen. Sie prägt das musikalische Verständnis des Konservatoriums nachhaltig: Roberts Musik wird unterrichtet, auch die von Johannes Brahms und Frédéric Chopin, aber sie bleibt gegenüber der neuen Musik etwa von Franz Liszt oder Richard Wagner ablehnend. Diese musikalische Tradition gibt sie an viele Schülerinnen und Schüler weiter; einige davon werden selbst bekannte und anerkannte Künstler. Sie ist nun eine Institution, wird mit Ehrungen und Auszeichnungen überhäuft. Sie unterrichtet bis 1892 und stirbt vier Jahre später. Beigesetzt wird sie neben ihrem Mann Robert auf dem Alten Friedhof in Bonn.

Ihr Lebenslauf spiegelt die Umbrüche im 19. Jahrhundert wider. Zu Beginn des Jahrhunderts war es vollkommen undenkbar, dass eine Frau eine eigene Karriere haben könnte. Die Bestimmung der Frau, so war die feste Überzeugung, lag in der Familie. Sie hatte sich dem Mann unterzuordnen, den Haushalt zu machen, die Kinder zu erziehen. Clara fügte sich in dieses Bild, brach aber auch aus dem festen Rahmen aus: Als pianistisches Wunderkind, als Miternährerin der Familie, als Komponistin. Sie war in ihrer Ehe der stärkere Teil, hat sich aber zeitlebens ihrem Mann und seinem Werk untergeordnet. Sie war berühmt als Pianistin, sie wurde in späteren Jahren eine Autorität als die Witwe Robert Schumanns, die sein künstlerisches Erbe verwaltete. Sie steht heute immer noch ein wenig im Schatten des Nachruhmes ihres Mannes. In Frankfurt erinnert nur ein kleiner Weg am Riedberg an die berühmte Frankfurter Bürgerin; dort ist sie in Gesellschaft anderer berühmter Frauen, die als Namensgeberinnen für die Straßen und Wege stehen. An Robert Schumann, der selbst nie in Frankfurt gewohnt hat, erinnert eine Straße in Bockenheim nahe der Universität, umgeben von anderen Komponisten und Dichtern – alles sehr viel repräsentativer, größer, bedeutender. Aber ein einziges Mal ist ihrer öffentlichkeitswirksam in Deutschland erinnert worden ohne einen Bezug zu Robert. Auf den alten 100-DM-Scheinen fand sich ein Porträt von Clara Schumann, auf der Rückseite eine Ansicht des alten Dr. Hoch'schen Konservatoriums. Die späte Frankfurterin ist so als das geehrt worden, was sie sich über viele Jahre lang hat erkämpfen müssen: Als bedeutende Frau aus eigener Leistung heraus, die zu den Großen der Musikgeschichte gehört und ein Beispiel für viele andere Frauen war.

# II. Orte, die Geschichte erzählen

## Der Römer: Von Hinz und Kunz zur Kaiserwahl

Es war am 11. März 1405, einem Mittwoch, als die Kaufverträge für ein neues Rathaus besiegelt wurde. Das vornehme Kaufmannshaus „Zum Römer" und das dahinter gelegene Gebäude „Zum Goldenen Schwan" wurden entsprechend umgebaut. Das alte Rathaus am Dom war längst zu klein und überdies baufällig geworden. Immer häufiger wichen die Ratsherren für ihre Sitzungen in andere Häuser aus, ab 1329 nutzten sie auch das Haus Römer auf dem heutigen Römerberg. Wie alt genau das Gebäude ist, weiß man nicht; es wird zum ersten Mal 1322 erwähnt.

Auch mit dem Namen ist es so eine Sache. Etwas seltsam ist es ja schon, dass die politische Schaltzentrale einer Stadt nach einer ganz anderen Stadt benannt ist. Der Name Römer hat möglicherweise mit der Messe zu tun, die im Mittelalter auf dem Römerberg abgehalten wurde. Italienische Kaufleute stellten in den großen Hallen im Erdgeschoss, die typisch für damalige Kaufmannshäuser sind, ihre Waren aus und wohnten im Stockwerk darüber. Der Name der Stadt Rom stand als Begriff damals für das ganze Land Italien.

In jedem Falle war das Haus groß, massiv gebaut und weitaus repräsentativer als das alte Rathaus. Dass dieses kein Schmuckstück war, sprach sich im gesamten Heiligen Römischen Reich Deutscher Nation herum und rief schließlich den Kaiser persönlich als obersten Herrn der Stadt auf den Plan. Am 20. Juni des Jahres 1329 erteilte Ludwig der Bayer den Frankfurtern die Erlaubnis zu einem Neubau, wenig später auch noch zu einer Stadterweiterung und der Abhaltung einer zweiten Messe im Jahr: Deshalb darf er heute als zweite Figur von links von der Fassade auf den Römerberg herabblicken.

Das Geld, das eigentlich für den Bau eines modernen, repräsentativen Rathauses gedacht war, ging aber anderweitig drauf. Frankfurt reparierte damit erstmal seine 1306 eingestürzte Mainbrücke. Schließlich entschied man sich ganz gegen einen Neubau. Das Haus Römer und sein Nachbargebäude Zum Goldenen Schwan taten doch schon seit Jahrzehnten gute Dienste – warum bauen, wenn man auch kaufen kann?

Kunz zum Römer und sein Bruder Heinz, Hinz und Kunz also, und ihre Familien nahmen das Angebot der Stadt an. An jenem Mittwoch im Jahre 1405 wurden die Verträge für die beiden Häuser besiegelt. Später kamen immer weitere Nachbargebäude hinzu, die man mit Mauerdurchbrüchen und Treppenhäusern verband. Das ist heute noch zu erkennen: Man kann nie auf derselben Ebene durch den Rathauskomplex gehen, sondern muss an den Übergängen zwischen den Häusern meist ein paar Stufen überwinden.

Nicht nur Rat und Verwaltung der Stadt Frankfurt nutzten den Römer. Verkaufsstände für besonders wertvolle Waren hat es zu Messezeiten noch bis zum Jahre 1846 in den Römerhallen gegeben. Und immer wenn ein deutscher König, der in den allermeisten Fällen auch Kaiser des fast ganz Mitteleuropa umfassenden Heiligen Römischen Reiches Deutscher Nation wurde, gestorben war, musste ein Nachfolger gewählt werden. Frankfurt lag ziemlich in der Mitte des Reichsgebietes und war gut zu erreichen. Dazu war es quasi neutral, denn als

*Der Römer, das Reich und die Welt – im Frankfurter Rathaus wurden Beratungen abgehalten, Kaiserwahlen ausgehandelt und politische Entscheidungen getroffen.*

Reichsstadt gehörte es zum Herrschaftsbereich keines der großen Fürstengeschlechter, die um die Thronfolge rangelten. Der erste regierende deutsche König, der hier gewählt wurde, war Friedrich I. Barbarossa im Jahre 1152; er ziert die Römerfassade ganz links.

Zur Wahl trafen sich in Frankfurt nicht nur die sieben Kurfürsten, die die Könige letztlich wählten, sondern dazu noch zahlreiche Vertreter der übrigen Herrscherhäuser, Reichsstädte, mächtigen und reichen Adels- und Bankiersfamilien. Sie alle wollten bei der Wahl ihre besonderen Interessen vertreten und kamen natürlich nicht allein, sondern mit ihrem Gefolge aus Familie, Dienstleuten und Wachpersonal. Bis zu 40.000 Menschen musste die Stadt manchmal unterbringen! Die zeremonielle Wahlhandlung nahmen die drei Erzbischöfe und vier weltlichen Herren, eben die Kurfürsten, im Dom vor, nachdem sie das Ergebnis zuvor schon in der „Wahlstube" des Römer ausgehandelt hatten. Im Jahre 1356 ließ Kaiser Karl IV. den Status Frankfurts in einem Verfassungsdokument niederschreiben, das wegen seines goldenen Siegels als „Goldene Bulle" bezeichnet wurde. Dafür ehrte man ihn mit der dritten Statue am Römer. Sollte die Krönung ursprünglich noch in Aachen stattfinden, wurden die Kaiser der Einfachheit halber später gleich auch im Frankfurter Dom gekrönt; als erster im Jahre 1562 Maximilian II., der ganz rechts als Statue das Quartett an der Fassade komplettiert.

Insgesamt dreißig Könige wurden hier gewählt, dazu zwei Könige und acht Kaiser im Dom gekrönt, bis der Franzosenkaiser Napoleon I. dem Heiligen Römischen Reich Deutscher Nation im Jahre 1806 ein Ende machte. Der Römer war Jahrhunderte ein Ort politischer Entscheidungen von europäischer Bedeutung, Frankfurt eine der Hauptstädte dieses Reiches gewesen. Ganz vorbei war es damit noch nicht; immerhin tagte noch von 1815 bis 1866 der Deutsche Bund, ein loser Zusammenschluss von 34 deutschen Fürsten und freien Städten wie Frankfurt, im Palais Thurn und Taxis. Der Römer ist seitdem das, was er heute noch ist: Sitz der Frankfurter Stadtverwaltung und Ort glanzvoller Empfänge und kultureller Ereignisse.

Seine Faszination und Symbolkraft als Ort großer Geschichte hat er nie eingebüßt. Der nationalen deutschen Einigungsbewegung im 19. Jahrhundert galt er als ein Sinnbild der Kaiserzeit, also der vergangenen und nun wieder zu gewinnenden staatlichen Einheit. Deshalb sollte auch der symbolträchtige Ort der Kaiserkrönungen wieder nach Mittelalter aussehen – oder was man sich um 1900 darunter vorstellte. Die eher glatte, aber dafür originale mittelalterliche Römerfassade sah nicht „gotisch" genug aus und war den Stadtvätern zu schäbig. Erst damals erhielt die Fassade den zusätzlichen Zierrat mit den vier Kaiserstatuen und dem berühmten Balkon, auf dem jeder Fußballer so gern einmal stehen möchte. Auch im Innenraum hinterließ diese Zeit ihre Spuren. Zwischen 1838 und 1853 stifteten Frankfurter Familien, die Nachfahren der Könige und Kaiser und zahlreiche andere Sponsoren jene 52 Herrscherporträts, die dem Kaisersaal seinen besonderen Glanz verleihen; die meisten wurden von Künstlern aus dem Umfeld des „Städel" geschaffen.

Sie zumindest sind noch heute echt und original. Vieles andere nicht. Am Abend des 22. März 1944 teilte der Römer das Schicksal der Frankfurter Altstadt, die im Bombenhagel weitgehend zerstört wurde. Nur die Außenmauern hatten das Inferno überstanden. Schrittweise richtete man den Gebäudekomplex bis 1952 wieder her. Einiges wurde rekonstruiert, anderes, so vor allem der Treppenaufgang zum Kaisersaal, nach den Vorstellungen der Zeit neu gestaltet. Bundespräsident Theodor Heuss hat den Saal 1955 wieder eröffnet. Originalgetreu wiederhergestellt hat man die unverwechselbare Fassade mit den drei Giebeln. Nach der letzten großen Renovierung sieht sie heute wieder ziemlich genau so aus wie um 1900. Damals wie heute ist der Römer das Wahrzeichen der Stadt und eines ihrer beliebtesten Bauwerke: Keines wird von den Touristen so gern fotografiert, und zu den Veranstaltungen beim 600. „Dienstjubiläum" im Jahr 2005 konnte der ehrwürdige Bau den Ansturm „seiner" Frankfurterinnen und Frankfurter kaum fassen.

*Der Römer wurde vielfach verändert. Zu seinem 600-jährigen Dienstjubiläum im Jahr 2005 erhielt er einen neuen Anstrich.*

# Der Börneplatz: Von sprechenden Steinen

Wer mit der Straßenbahn oder dem Bus heute an der Haltestelle „Börneplatz" südlich der Konstabler Wache aussteigt, ist zunächst etwas ratlos. Ein „Börneplatz" ist an der belebten Kreuzung nicht auszumachen. Man muss ihn schon etwas suchen. Versteckt hinter einem großen Verwaltungsgebäude findet sich der Börneplatz, den Blicken von der Durchgangsstraße entzogen. Hintereinander angebrachte Straßenschilder erinnern an die wechselnden Namen des Platzes.

Im Jahr 1987 stand der Börneplatz im Mittelpunkt einer heftigen Auseinandersetzung. Bis 1938 stand auf dem Börneplatz eine Synagoge der jüdischen Gemeinde. Die Nazis hatten sie in Brand gesetzt und dann abreißen lassen. Der Börneplatz war also ein besonderer Ort des Gedenkens. Während der Bauarbeiten zu dem Verwaltungsgebäude waren darüber hinaus Grundmauern des alten jüdischen Ghettos gefunden worden. Wie sollte man damit umgehen? Die Meinungen darüber gingen auseinander, und der Konflikt verschärfte sich. Vorübergehend wurde sogar von mehreren hundert Demonstranten der Bauplatz besetzt, um eine Änderung der Baupläne zu erzwingen. Der Konflikt am Frankfurter Börneplatz machte in der ganzen Bundesrepublik Schlagzeilen. Um was ging es?

Über viele Jahrhunderte hatte Frankfurt eine bedeutende jüdische Gemeinde. Aber das Zusammenleben von Juden und Nichtjuden war nie konfliktlos. Das hatte viele Gründe. Religion und Brauchtum trennten Christen und Juden; daraus entstanden Vorurteile und manchmal auch Hass. Dazu kamen wirtschaftliche Gründe. Den Juden war der Zugang zu vielen Berufen verwehrt; einige hatten ihr Auskommen über den Geldverleih, der wiederum den Christen wegen des Verbotes, Zinsen zu nehmen, nicht offen stand. So waren Christen häufig bei jüdischen Geldhändlern verschuldet. Aus diesen Elementen entstand immer wieder einmal eine explosive Mischung, die sich in Frankfurt zweimal, 1241 und 1349, in einem Pogrom, also einer Ausschreitung, verbunden mit Plünderung und Mord, gegen die jüdische Gemeinde gewaltsam entlud.

1462 siedelte man die Juden in Frankfurt in einem eigenen Ghetto an, der so genannten Judengasse außerhalb der alten, staufischen Stadtmauer. Sie bestand etwas mehr als 400 Jahre und reichte vom heutigen Börneplatz bis zur Staufenmauer in der Nähe der Konstabler Wache. Die ersten Häuser wurden von der Stadt errichtet und blieben in deren Besitz. Auch alle anderen Häuser, die später von den Juden selbst gebaut wurden, gehörten weiterhin der Stadt. Die Judengasse war ein abgeschlossenes Viertel, im wahrsten Sinn des Wortes. Mauern schirmten sie ab, Zutritt gab es nur über drei Tore, die ursprünglich nachts und auch an Sonntagen und christlichen Feiertagen verschlossen wur-

*3000 Menschen eingepfercht in 200 Häuser – die Judengasse auf dem Vogelschauplan von Matthäus Merian 1628.*

den. Die Judengasse trennte also ab, aber sie schützte auch. Über die Jahrhunderte wuchs die jüdische Gemeinde, von etwa 100 Mitgliedern 1462 auf bis zu 3.000 im Jahr 1610. Danach wurde die Anzahl der Familien auf 500 begrenzt. Die Anzahl der Wohnhäuser stieg von 83 im Jahr 1560 auf 207 im Jahr 1711. Da die Judengasse selbst nicht ausgeweitet wurde, musste baulich verdichtet werden. So entstand im Laufe der Zeit auf einer Länge von 330 Metern ein dicht gedrängtes Baubild mit Vorder- und Hinterhäusern, geteilten Häusern mit geringer Breite von teilweise unter drei Metern. Das Ergebnis war, so Walter Gerteis, „eine düstere, stickige, fürchterlich überfüllte Straße, in der es nichts Grünes mehr gab und kein Spielplätzchen für die Kinder. So lebten sie jahrhundertelang, abgesperrt von der Umwelt, von hohen Stadtmauern wie in einen Kerker eingezwängt." Und die Frankfurter Schriftstellerin Bettina von Brentano erinnert sich, dass sie als Kind mit Verwunderung die engen dunklen Häuser betrachtet habe und fügt hinzu: „Alles wimmelt, kein Plätzchen zum Alleinsein, zum Besinnen."

*Nach der Aufhebung des Judenghettos gab man die Gebäude auf. Als das Foto gemacht wurde (1868), standen nur noch die Häuser der einen Seite.*

62

Diese qualvolle wohnliche Enge ohne Licht und mit schlechter Luft barg auch Gefahren. 1711 brannte die Judengasse komplett nieder, 1721 fielen einhundert Häuser einem erneuten Brand zum Opfer. Die Judengasse wurde wieder aufgebaut und erneut bezogen. Erst die Beschießung durch französische Truppen 1796 änderte dies; nach dem erneuten Brand und der teilweisen Zerstörung der Judengasse ließen sich viele Juden außerhalb des Viertels nieder. Die Verpflichtung, dass Juden im Judenviertel zu leben hatten, wurde nun nicht mehr aufrechterhalten. Karl Julius Weber schrieb: „War je ein Bombardement wohltätig, so war es das von 1796. Der Himmel half dem Elende ab, dem vorurteilsvolle harte Menschen, genannt Christen, nicht abhelfen wollten." Die Zerstörung des Jahres 1796 deutete schon auf die später erfolgende rechtliche Gleichstellung der Juden. Der übrige Teil der Judengasse bestand noch bis 1860 und wurde dann schrittweise aufgegeben; die letzten Häuser wurden 1887 abgerissen. Damit hatte die Judengasse aufgehört zu existieren.

Das jüdische Leben in der Judengasse unterschied sich von dem der übrigen Frankfurter. Juden besaßen nicht die gleichen Rechte wie die Christen, sondern sahen sich vielen Einschränkungen unterworfen. Bis 1614 wurde das Aufenthaltsrecht der Juden alle drei Jahre erneuert; erst danach wurde die so genannte „Stättigkeit" auf Dauer verliehen. Juden durften bestimmte Berufe nicht ausüben, konnten nicht Mitglied in den Zünften werden. Bis 1728 mussten sie einen gelben Ring auf der Kleidung tragen. Bei den Krönungen der Kaiser und Könige in Frankfurt durften sie durch die ganzen Jahrhunderte hindurch nur zweimal, nämlich 1764 und dann noch einmal 1792, an den Feierlichkeiten teilnehmen, wenn auch unter Auflagen. Aber bei der vorletzten Kaiserkrönung im Jahr 1790 waren sie erneut ausgeschlossen. Am Krönungstag wurden die Tore geschlossen und mit Soldaten besetzt. Nur wenige durften das Viertel mit einer besonderen Ausnahmegenehmigung verlassen.

Die Juden in Frankfurt standen unter dem Schutz des Kaisers. Das schützte sie vor der Vertreibung, wie es in anderen Städten häufig geschah. Auch in Streitfällen konnten sie sich an den Kaiser wenden. Innerhalb der Judengasse verwalteten die Juden ihre Angelegenheiten selbst. Sie waren beinahe ein Staat im Staat, auch wenn sie von vielen Verordnungen des Frankfurter Rates betroffen waren. Mit der Zeit wurde die jüdische Gemeinde in Frankfurt zu einer der bedeutendsten in Deutschland. Ihre Rabbiner und Rechtsgelehrten wurden auch von anderen Gemeinden um Rat befragt. Und aus der jüdischen Gemeinde gingen bedeutende Familien und Persönlichkeiten hervor, etwa die Bankiersfamilie Rothschild oder der Schriftsteller Ludwig Börne.

Im 19. Jahrhundert war die Diskriminierung der Juden aufgehoben. Sie waren nun gleichberechtigt und suchten sich in die Frankfurter Stadtgesellschaft zu integrieren. Die Beseitigung des jüdischen Viertels und damit der Erinnerung an die Sonderstellung lag auch im Interesse der jüdischen Gemeinde. Sie hat vielleicht auch deshalb dem Abriss der Judengasse zugestimmt. An der Südspitze der ehemaligen Judengasse, am so genannten Judenmarkt, entstand 1882 eine große und prächtige Synagoge. Der Platz wurde 1885 nach Ludwig Börne umbenannt. Die Synagoge am Börneplatz blieb bis zu ihrer Zerstörung durch die Nazis 1938 ein Wahrzeichen der Stadt Frankfurt und seiner jüdischen Traditionen.

Aber die Nazis zerstörten nicht nur die Synagoge, sie zerstörten auch die jüdische Gemeinde. Ihr Hass auf die Juden kannte keine Grenzen. Nicht nur in Frankfurt wurden die Juden drangsaliert und ausgegrenzt. Ab 1942 wurden die Juden in Lager deportiert und dort ermordet. Wer nicht vorher fliehen konnte oder Möglichkeiten hatte, sich zu verstecken, hat die Zeit des nationalsozialistischen Mordregimes nicht überlebt. Damit war eine lange jüdische Tradition in Frankfurt zunächst einmal beendet.

*„Wo die toten Menschen schweigen, da sprechen desto lauter die lebendigen Steine." Dieser Satz stammt von dem Schriftsteller Ludwig Börne, der in der Frankfurter Judengasse geboren wurde.*

Die Zeit nach 1945 war eine Zeit des Wiederaufbaus, des Neubeginns – für die Frankfurter, aber auch für die wenigen überlebenden Mitglieder der jüdischen Gemeinde in Frankfurt. Fragen der Erinnerung an die jüdische Tradition und ihre Auslöschung im Dritten Reich standen viele Jahre nicht im Vordergrund. In den siebziger und achtziger Jahren änderte sich dies. Die Beschäftigung mit der Geschichte, mit der Tradition und der Vergangenheit nahm zu. In diese Stimmung hinein geriet das Bauvorhaben auf dem Börneplatz. Ein Wort Ludwig Börnes machte die Runde: „Wo die toten Menschen schweigen, da sprechen desto lauter die lebendigen Steine." Konnte man diese Tradition der jüdischen Gemeinde und der Frankfurter Geschichte einfach überbauen, als wäre nichts geschehen? Und: war man nicht den vielen Ermordeten schuldig, dass man sich angemessen an sie erinnerte?

Das Ende der Auseinandersetzungen ist schnell erzählt. In das Verwaltungsgebäude wurde ein Museum integriert, das einen Teil der freigelegten Mauerreste der Judengasse anschaulich für die Nachwelt festhält und in dem vieles über die Geschichte der Judengasse und das Leben in ihr zu erfahren ist. An der rückwärtigen Seite des Verwaltungsgebäudes sind zum Börneplatz hin die Umrisse der Synagoge in den Boden eingelassen. Der Börneplatz selbst ist ein Gedenkplatz. Und an die Mauern des anschließenden alten jüdischen Friedhofes hat man Gedenksteine angebracht mit den Namen der vielen tausend im Dritten Reich ermordeten Frankfurter Juden. Diese Steine sprechen tatsächlich: Sie erzählen von gewaltsam beendeten Leben jeden Alters, und sie nennen Namen und Geburtsdaten, die Namen der Vernichtungslager. Geht man an der Mauer vorbei, findet man auf dem einen oder anderen Gedenkstein kleine Steine, die dort draufgelegt worden sind. Das ist eine jüdische Tradition, um die Toten zu ehren.

Der Börneplatz ist einer der ruhigen Plätze der Stadt. Aber auch einer, der nachdenklich macht, vielleicht auch unruhig. Es fällt nicht leicht, dem gelassen zuzuhören, was die Steine am Börneplatz uns zu sagen haben.

## Das Hessendenkmal, oder: Wessen Fell ist das eigentlich?

Zu den auffälligsten Denkmälern in der Stadt Frankfurt gehört das Hessendenkmal. Es sticht auf der viel befahrenen Friedberger Landstraße sofort ins

*Einst Schauplatz eines verlustreichen Gefechts, heute Orientierungspunkt für Pendler und Reisende: das Hessendenkmal an der Friedberger Landstraße.*

Auge, obwohl man es von seinem ursprünglichen Standort 1971 um einige Meter versetzt hat, um der Verbreiterung der Straße Platz zu machen. Merkwürdig ist es aus zwei Gründen. Zum einen war ja Frankfurt, als das Denkmal 1793 entstand, eine Freie Reichsstadt und kein Bestandteil Hessens. Wie kam die also zu einem Hessendenkmal? Und die zweite Merkwürdigkeit betrifft die Gestaltung des Denkmals. Dort sieht man Kriegstrophäen: Ein Löwenfell, einen Sturmbock mit Widderkopf, eine Keule sowie Helm und Schild. Natürlich hat man zu Ende des 18. Jahrhunderts nicht mit Helm und Schild sowie Keule und Sturmbock gekämpft. Warum also diese etwas altertümlich anmutende Präsentation, die mit der Wirklichkeit des Krieges am Ende des 18. Jahrhunderts gar nichts zu tun hatte?

Gehen wir zurück ins Jahr 1792. Die Revolution in Frankreich, die 1789 begonnen hatte, ist mittlerweile für andere europäische Mächte zu einem Problem geworden. Die erste Koalition gegen Frankreich entsteht; an ihr sind zunächst Österreich und Preußen beteiligt, weitere Mächte stoßen dazu. Sie wollen die Auswirkungen der Revolution eindämmen oder gar ganz rückgängig machen. Unter dem Befehl des Herzogs von Braunschweig marschiert im Juli 1792 eine preußisch-österreichische Koalitionsarmee in Frankreich ein. Im gleichen Monat erlebt Frankfurt ein großes Spektakel: Franz II. wird zum Kaiser des Heiligen Römischen Reiches Deutscher Nation gewählt. Niemand der Festgäste konnte ahnen: Es war der letzte Kaiser eines Reiches, das dann 1806 unterging. Auch dies hing mit der Französischen Revolution zusammen.

Zunächst einmal haben die gegen Frankreich entsandten Truppen militärischen Erfolg. Sie stoßen nach Frankreich vor. In der Nähe der kleinen Ortschaft Valmy kommt nach einer gegenseitigen Beschießung der Vormarsch der Koalitionstruppen zum Erliegen. Die französischen Truppen gehen wenige Tage später zum Gegenangriff über und erobern das linke Rheinufer. Unter den Beobachtern auf der Seite der Koalitionstruppen war auch Johann Wolfgang von Goethe. Bei seiner überstürzten Flucht vor den vorrückenden französischen Truppen wäre Goethe beinahe zu Tode gekommen. Er nahm von Trier aus moselabwärts ein Boot nach Koblenz, das in der Höhe der Ortschaft Traben-Trarbach kenterte. Nur mit Mühe konnte er sich retten und einen Tag später seine Reise fortsetzen. In seinen Erinnerungen sollte er später schreiben, dass in Valmy eine neue Epoche der Weltgeschichte begonnen habe.

Schnell stoßen die französischen Truppen vor. Am 22. Oktober 1792 marschieren sie in Frankfurt ein. Der französische Befehlshaber, General Adam-Philippe de Custine, verlangt eine Sonderzahlung von zwei Millionen Gulden und nimmt angesehene Frankfurter Bürger als Geiseln. Aber die französischen Truppen sollten nicht lange in Frankfurt bleiben. Am 2. Dezember rücken geg-

*Bei der Befreiung Frankfurts fielen 55 hessische Grenadiere. Später wurden ihre Namen als die einfacher Soldaten auf einem Denkmal überliefert, zum ersten Mal in der Geschichte der Kriege.*

nerische Truppen unter dem Kommando des Herzogs von Braunschweig an. Seine Regimenter bestehen aus preußischen, aber auch hessischen Soldaten, die der Landgraf Wilhelm IX. von Hessen-Kassel gestellt hat. Am Friedberger Tor kommt es zu einem kurzen, aber heftigen Gefecht. Viele hessische Soldaten verlieren hier ihr Leben, bedingt auch durch eine unfähige militärische Führung, die die hessischen Soldaten über eine halbe Stunde schutzlos dem Beschuss der französischen Kugeln aussetzt. Schließlich aber überwältigen Frankfurter Handwerker die Torwachen, öffnen das Friedberger Tor von innen und lassen die hessischen und preußischen Soldaten in die Stadt. Die französischen Truppen ziehen sich aus Frankfurt zurück.

Wer war nun der Sieger dieser Schlacht am Friedberger Tor? Sowohl der preußische König, unter dessen Oberbefehl die Truppen standen, als auch der Landgraf von Hessen, dessen Truppen als Erste in die Stadt einmarschierten, konnten Anspruch darauf erheben. Friedrich Wilhelm II. von Preußen jedenfalls ließ sich von den Frankfurtern gebührend feiern. Er sah den Sieg aber auch als einen gemeinsamen Erfolg gegen einen Gegner, der die Konzentration aller Kräfte erforderte. Der Landgraf von Hessen, der ursprünglich wegen der hohen Verluste unter seinen eigenen Soldaten, darunter auch einige aus seiner Leibgarde, verärgert war, wurde von Friedrich Wilhelm II. mit einer besonderen Geste versöhnt: Der preußische König stiftete 1793 das Hessendenkmal zum Gedenken an die gefallenen hessischen Soldaten beim Kampf am Friedberger Tor.

Das ist zunächst einmal bemerkenswert, weil die Verluste der Preußen bei der Beschriftung des Denkmals nicht berücksichtigt wurden. Der preußische

König zeichnete zwar Überlebende der Schlacht aus, jedoch wurde nur der gefallenen Hessen besonders gedacht. Das Hessendenkmal betrat hier Neuland. Bislang waren die gefallenen Soldaten für die Fürsten kaum der Rede wert. Es zählten nur die Offiziere. Das Hessendenkmal indes nennt erstmals in der Geschichte eines Kriegerdenkmals die Namen aller Gefallenen, und zwar die Offiziere und Unteroffiziere ebenso wie die einfachen Soldaten. Sie sind auf einer Seite im Sockel eingraviert, insgesamt 55 Namen. Dabei war das Hessendenkmal nicht als Begräbnisstätte gedacht, lediglich als Erinnerung an eine militärische Auseinandersetzung, die im Nachhinein eine besondere Bedeutung bekam. Der Stifter verewigte sich auf einer anderen Seite: „Friedrich Wilhelm II., König von Preußen, den edlen Hessen, die im Kampf fürs Vaterland hier siegend fielen", liest man dort. Das macht stutzig: Für welches Vaterland? Frankfurt gehörte nicht zu Hessen-Kassel, beide nicht zum Königreich Preußen. Das wird der preußische König auch nicht gemeint haben. Richtig ist aber auch: Der gemeinsame Kampf gegen Frankreich hat viel dazu beigetragen, dass sich die Deutschen insgesamt zunehmend als eine Einheit verstanden haben.

Auf einer dritten Seite wird dies in lateinischer Sprache noch einmal bekräftigt; Friedrich Wilhelm II. habe dies errichtet, heißt es dort, für die Kampfgefährten aus Hessen, die hier eines ruhmvollen Todes starben und deren Tapferkeit und Festigkeit er als Zeuge bewundert habe. Hier wird die Absicht klar. Vorbild sollten die gefallenen Hessen sein für die Nachwelt, Vorbild für Tapferkeit und die antike Tugend, den Tod für die gute Sache im Kampf nicht zu scheuen.

Das wird auch an den Trophäen deutlich, die auf dem Sockel des Denkmals zu sehen sind: Sie sind alle antiken, genauer: griechischen Ursprungs. Das Löwenfell auf dem Denkmal stellt nicht etwa den gehäuteten hessischen Löwen dar, wie ein Unkundiger einmal meinte. Keule und Löwe verweisen auf das erste Abenteuer des Herakles in der griechischen Mythologie, der den als unverwundbar geltenden nemaeischen Löwen mit einer Keule tötete. Und es verweist auf das Wahrzeichen von Hessen-Kassel, den Herkules im Bergpark Wilhelmshöhe in Kassel, der auch mit Keule und Löwenfell abgebildet ist! Das Ungeheuer, die französische Besatzung, ist durch die Tapferkeit der hessischen Soldaten erlegt worden. Der Sturmbock mit dem Widderkopf als Angriffswaffe sowie Helm und Schild als Verteidigungswaffe ruhen nun. Die Hessen haben mit dem Sturm auf das Friedberger Tor das größere Vaterland verteidigt. Und um den Erfolg der Unternehmung besonders herauszustreichen, wurden alle Trophäen auf dem Denkmal durch Einschmelzen französischer Kanonen hergestellt.

Und Frankfurt? Die Stadt ist auf dem Denkmal erstaunlicherweise nicht erwähnt. Das mag damit zusammenhängen, dass sich Frankfurt gegenüber der Französischen Revolution neutral verhalten hat. Auch wollte der Rat der Stadt das Denkmal außerhalb der Stadt aufgestellt haben, weil man glaubte, ein anti-französisches Denkmal in der Stadt schade den überaus profitablen Handelsbe-ziehungen zu Frankreich. Genug Stoff also für eine Verstimmung zwischen dem Frankfurter Rat und dem preußischen König. Von einer offiziellen Einwei-hungsfeier des Denkmals jedenfalls ist nichts bekannt.

Es war nicht das erste und sollte nicht das letzte Mal sein, dass französische Soldaten nach Frankfurt kamen; von 1806 bis 1813 bestimmte Carl Theodor von Dalberg als Fürst von Napoleons Gnaden sogar sieben Jahre an einem Stück die Geschicke der Stadt, und das nicht zum Schlechtesten für Frankfurt. General Custine allerdings war nicht mehr dabei, ihm wurde 1793 in Paris der Prozess gemacht. Er starb unter der Guillotine. Das Hessendenkmal wurde zum Vorbild vieler anderer Denkmäler ähnlicher Art, die den Kampf gegen Fremd-herrschaft und den Opfertod im Krieg verherrlichten. Vor allem während und nach dem Ersten Weltkrieg war diese Form des Gedenkens an die Gefallenen bei gleichzeitigem Appell an die nationale Größe populär. Das ist heute nicht mehr so; das Hessendenkmal wirkt deshalb wie ein Überbleibsel aus einer Gedankenwelt, die uns fern ist und mit unserer Lebenswirklichkeit nichts mehr zu tun hat. Es ist ein Denkmal aus vergangener Zeit, an den Rand gerückt durch den Großstadtverkehr und eine neue europäische Realität, die nicht vom Gegeneinander, sondern vom Miteinander geprägt ist.

## Die Hauptwache und die Flucht der Studenten

Jedes Kind in Frankfurt kennt sie, die Hauptwache. Sie ist unterirdischer Ver-kehrsknotenpunkt, und hier beginnen die berühmten Frankfurter Einkaufsstra-ßen, die Zeil und die „Fressgass". Die Hauptwache selbst ist heute eher unscheinbar. Beinahe wie geduckt erscheint sie von Häusern umrahmt, die sie um ein Mehrfaches überragen. Das beschauliche Café in der Hauptwache lässt heute kaum mehr erahnen, welche Bedeutung diese Wache einmal hatte – und dass sie einmal auch Schauplatz eines Ereignisses war, das in ganz Deutschland Wirkung zeigte.

Das Gebäude selbst entstand 1729/30 und war Sitz der Stadtwehr, des regu-lären Militärs der Freien Stadt Frankfurt bis 1866. Die Hauptwache besaß auch ein Gefängnis, dessen berühmtester Häftling über viele Jahre Johann Erasmus von Senckenberg war (siehe Kapitel über die Gebrüder Senckenberg). Die Geschichte aber, die die Hauptwache berühmt machte, spielt einige Jahrzehnte später, und zwar im Jahr 1833.

Das 19. Jahrhundert hatte stürmisch begonnen. Frankfurt war von französischen Truppen Napoleons besetzt worden, und man hatte unter Carl Theodor von Dalberg eine neue Regierung eingesetzt, die viele wichtige Reformen durchführte. Nach der Niederlage Frankreichs 1815 kehrte man in Frankfurt wieder zur alten Ordnung zurück – wie auch in Deutschland insgesamt. Dies wurde als Restauration bezeichnet: die Wiederherstellung der vor-napoleonischen Machtverhältnisse und die gleichzeitige Unterdrückung und Verfolgung all derjenigen, die die Reformen begrüßt hatten. Das waren nicht wenige. Die Französische Revolution von 1789 hatte die Ideen von Gleichheit, Freiheit und Brüderlichkeit populär gemacht, auch die Idee der Nation; Frankreich verdankte man moderne Gesetze und die Idee der Demokratie. Nun waren die alten Fürsten wieder da, die alten Herren auch in Frankfurt, die alldem feindlich gegenüberstanden.

DER DENKER-CLUB.

*„Die Gedanken sind frei" – doch viele fürchteten, auch diese würden verboten werden. In der Zeit der Restauration herrschte eine Atmosphäre der Angst: Universitäten wurden überwacht, Zeitungen kontrolliert und Anführer der Freiheitsbewegungen verhaftet.*

Vor allem bei den jungen Leuten, bei den Studenten, regt sich Protest. Man trifft sich im Oktober 1817 auf der Wartburg im thüringischen Eisenach, verbrennt unter anderem symbolisch einen hessischen Zopf (eine Perücke) und einen österreichischen Korporalstab als Symbole der Reaktion. Die aber schlägt bald zurück. Nach der Ermordung des Schriftstellers Kotzebue, der von den Studenten zutiefst wegen seiner politischen Haltung verachtet wird, werden die Hochschüler als politische Opposition verfolgt, ins Gefängnis geworfen und ins Exil getrieben. Dies ist die Situation bis 1830.

Im Jahr 1830 boten sich neue Möglichkeiten: Revolution in Frankreich, Freiheitskrieg in Polen, Aufstand in Belgien: Überall schien sich die Freiheitsbewegung bemerkbar zu machen. Auch in Deutschland, vor allem im Süddeutschland, aber auch den größeren Städten in Kurhessen, in Sachsen, in Hannover und anderswo. Höhepunkt dieser Bewegung war das Hambacher Fest im Mai 1832. Auf dem Hambacher Schloss in der Pfalz trafen sich 30.000 Menschen und forderten ein demokratisches und freies Deutschland. Einer der Hauptredner, Philipp Jakob Siebenpfeiffer, rief im Pathos der damaligen Zeit aus: „Hoch lebe jedes Volk, das seine Ketten bricht und mit uns den Bund der Freiheit schwört! … Wir selbst wollen, wir selbst müssen vollenden das Werk, und ich ahne, bald, bald muss es geschehen, soll die deutsche, soll die europäische Freiheit nicht erdrosselt werden von den Mörderhänden der Aristokratie."

Starke Worte – aber andere wollten Taten. Und damit kommen wir wieder nach Frankfurt. Dort ist nämlich der Appell von Siebenpfeiffer auf fruchtbaren Boden gefallen. Frankfurt hatte in jenen Jahren eine besondere Stellung. Hier war nämlich der Sitz des so genannten Deutschen Bundestages, einer Versammlung der Gesandten der deutschen Fürsten sowie der Freien Städte, darunter Frankfurt selbst.

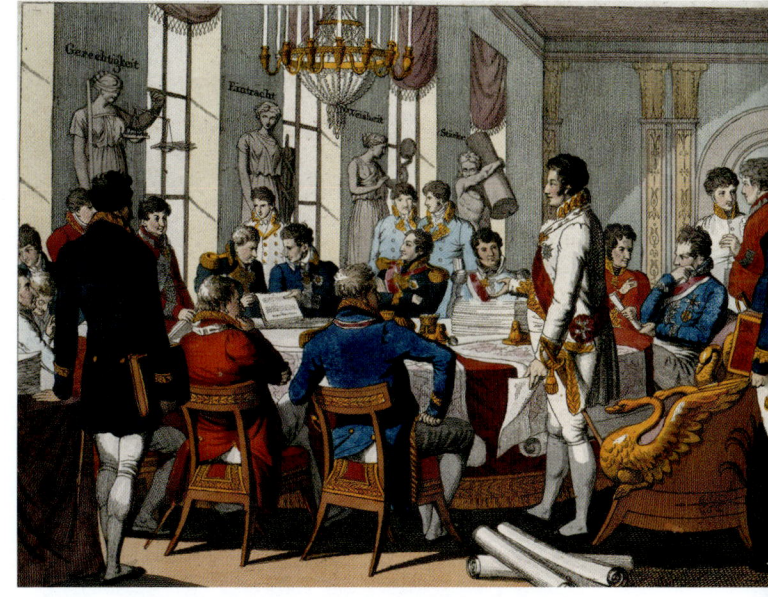

*Ein Symbol für Unterdrückung und Fürstenherrschaft: Der Bundestag im Palais Thurn und Taxis an der Großen Eschenheimer Straße.*

Hier in Frankfurt war also versammelt, was man bekämpfen wollte: Die Fürstenherrschaft, die Restauration, die Unterdrückung.

Heimlich trifft man sich, in einem Hinterzimmer das Gasthauses „Zum Rebstock" in der Altstadt, dessen Wirt der Vater des später berühmten Frankfurter Dichters Friedrich Stoltze ist, und fasst einen kühnen Plan: Die Hauptwache und die Konstablerwache sollen gestürmt und die Gefangenen befreit werden. Dann würde man die Gesandten des Bundestages festsetzen, die Bundeskasse an sich nehmen, das Militär entwaffnen und eine provisorische Regierung bilden. Der Funke aus Frankfurt würde dann auf andere deutsche Städte überspringen und der Fürstenherrschaft ein Ende bereiten.

Kontakte zu anderen Städten sind hergestellt. Am 3. April 1833 will man losschlagen. Obwohl die Behörden von dem Plan wissen, gelingt den kaum fünfzig Angreifern zunächst die Erstürmung der beiden Wachen, die Gefangenen werden befreit. Aber nun erlahmt der Elan; die Bevölkerung mag den Aufrufen, sich dem Aufstand anzuschließen, nicht recht folgen. Die Sturmglocken des Domes, die man läuten lässt, steigern die Bereitschaft dazu auch nicht. Und überdies: die erwarteten Truppen von außerhalb und die Hilfe von vielen tausend Bauern aus der Umgebung der Stadt, sie bleiben aus. Der Wachensturm bricht einfach in sich zusammen. Die Aufständischen ziehen sich aus der Hauptwache zur Konstablerwache zurück. Dort kommt es zu einem kurzen Feuergefecht mit regulären städtischen Truppen, und dann ist der Spuk

*Am 3. April 1833 schlugen die Aufständischen los und erstürmten die Hauptwache.*

vorbei. Kaum mehr als eine halbe Stunde hat alles gedauert; zwei Dutzend Verletzte und neun Tote sind zu beklagen.

Die Aufständischen, zumeist Studenten, fliehen, verstecken sich. Wenige werden sofort festgenommen. Die Obrigkeit schlägt nun zurück. Studenten, Handwerksburschen, aber auch Bauern werden in den darauf folgenden Tagen befragt, viele verhaftet. Preußische und österreichische Truppen rücken in Frankfurt ein, um für Ruhe zu sorgen und den Bundestag zu schützen. Obwohl die aufständischen Studenten es nicht geschafft haben, die Frankfurter zum Mitmachen zu gewinnen, sind die Sympathien der Bevölkerung auf der Seite der Aufständischen. Viele von ihnen werden von den Bürgern versteckt oder ihnen wird die Flucht ermöglicht. Und als wenige Jahre später, im Jahr 1837, sechs zu lebenslanger Haft verurteilten Studenten die Flucht gelingt, macht ein Spottlied die Runde, das „Frankfurter Studentenlied" (siehe Kasten).

> *In dem Kerker saßen*
> *Zu Frankfurt an dem Main,*
> *schon seit vielen Jahren*
> *sechs Studenten ein,*
> *die für die Freiheit fochten*
> *und für das Bürgerglück*
> *und für die Menschenrechte*
> *der freien Republik.*
>
> *Und der Bürgermeister*
> *Sprach es täglich aus:*
> *„Sie, Herr Kerkermeister,*
> *es reißt mir keiner aus!"*
> *Und doch sind sie verschwunden*
> *Abends aus dem Turm,*
> *um die zwölfte Stunde*
> *bei dem großen Sturm.*
>
> *Und am nächsten Morgen*
> *hört man den Alarm.*
> *Oh, es war entsetzlich,*
> *der Soldatenschwarm.*

> *Sie suchten auf und nieder,*
> *Sie suchten hin und her.*
> *Sie suchten sechs Studenten*
> *Und fanden sie nicht mehr.*
>
> *Doch sie kamen wieder*
> *Mit Schwertern in der Hand.*
> *Auf, ihr deutschen Brüder,*
> *jetzt geht's fürs Vaterland.*
> *Jetzt geht's für Menschenrechte*
> *Und für das Bürgerglück.*
> *Wir sind doch keine Knechte*
> *Der freien Republik.*
>
> *Wenn euch die Leute fragen:*
> *"Wo ist Absalom?"*
> *So dürft ihr ihnen sagen:*
> *"Oh, er hänget schon!*
> *Er hängt an keinem Galgen,*
> *Er hängt an keinem Strick,*
> *Sondern an dem Glauben*
> *An die Freie Republik.«*

Was im Lied als Hoffnung aufscheint, dass nämlich der Kampf für Menschenrechte und Republik noch nicht vorbei ist, das hat sich später auch bewahrheitet. Im Jahr 1848 wiederholte sich die revolutionäre Aufbruchstimmung; im März jenes Jahres kam es in den deutschen Staaten zu Unruhen und Aufständen, die die alte Ordnung kräftig durchschüttelten. Diesmal aber kam es zu einer deutschen Nationalversammlung, die dann in der Frankfurter Paulskirche tagte. Als Farben der demokratischen Bewegung übernahm man die Farben, die schon auf der Wartburg 1817 und beim Hambacher Fest 1832 für die demokratische Bewegung standen: Schwarz-Rot-Gold, die Farben der heutigen Bundesflagge. Und weil manchmal die Geschichte von ihrem Ende her erzählt wird, bezeichnet man heute die Zeit vom Wartburgfest 1817 bis 1848 als „Vormärz" – als Zeit der Vorbereitung, der Unruhe, der Gärung, die in der Märzrevolution von 1848 gipfelte. Der Sturm auf die Frankfurter Hauptwache ist eines der bedeutendsten Ereignisse dieses Vormärz. Er gehört damit auch zur Vorgeschichte der Demokratie in der Bundesrepublik.

## Die Paulskirche: Eine Kirche wird zum Parlament

So richtig Karriere gemacht hat sie als Kirche eigentlich nicht. Gedacht war die Paulskirche mitten in der Stadt zwar als eine Art protestantisches Gegenstück zum Dom. Zu Ruhm und Ansehen gelangt ist sie indes in eher weltlicher Funktion: Hier hatte das erste frei gewählte gesamtdeutsche Parlament seinen Sitz.

Nach langer Bauzeit war sie im Juni 1833 eingeweiht worden. In dieser Zeit war die Stimmung in der deutschen Bevölkerung von großer Unzufriedenheit geprägt. In einem langen Befreiungskrieg hatte man 1815 zwar die französische Herrschaft unter Kaiser Napoleon abgeschüttelt. Aber von diesem Sieg hatten viele Menschen sich mehr erwartet. Sie wollten auch innere Reformen, unter denen der Wunsch nach einem deutschen Nationalstaat und einer freiheitlichen Verfassung ganz oben stand. Bekommen hatte man stattdessen einen lockeren Staatenbund, den „Deutschen Bund", dessen Einzelstaaten von ihren Königen, Fürsten und Stadtregierungen auf völlig unterschiedliche Weise regiert wurden.

Dafür hatte man nun nicht gegen die Franzosenherrschaft gekämpft, meinten viele, und so kam es in den kommenden Jahrzehnten immer wieder zu größeren und kleineren Demonstrationen gegen die bestehenden politischen Verhältnisse. Auch in Frankfurt: Hier, am Tagungsort des Deutschen Bundes, unternahmen am 3. April 1833 Studenten einen vergeblichen Putschversuch. Zahlreiche Teilnehmer des „Frankfurter Wachensturms" mussten fliehen oder wurden ins Gefängnis gesteckt. Das war in vielen deutschen Staaten das Schicksal derer, die für „Einigkeit und Recht und Freiheit" eintraten – unsere Nationalhymne, die mit diesen Worten beginnt, entstand in jenen unruhigen Zeiten und formulierte das Programm der demokratischen Reformer.

Auch anderswo in Europa regte sich Widerstand gegen die uneingeschränkte Herrschaft der Fürsten. Als im Februar 1848 in Paris eine Revolution den König vertrieb, brachen in den kommenden Monaten an verschiedenen Orten Europas Aufstände gegen die bestehende Ordnung aus. Im März erreicht die „48er Revolution" viele große deutsche Städte, und auch in Frankfurt muss die Stadtregierung sich den Wünschen der Bürger nach Rede- und Pressefreiheit fügen. In vielen deutschen Hauptstädten weichen die Regierungen zunächst vor der Entschlossenheit ihrer aufbegehrenden Bürger zurück. Mehr noch: sie stellen Schritte zu freiheitlichen Verfassungen und einem wirklichen deutschen Nationalstaat in Aussicht.

In Frankfurt treffen sich zahlreiche dieser Bürger. Sie beschließen und organisieren die erste freie Wahl eines gesamtdeutschen Parlamentes. Viele der Sitzungen dieses „Vorparlaments" finden im Kaisersaal des Römers statt. Dann, am 18. Mai 1848, war es soweit. Durch ein Spalier salutierender Stadtsoldaten und jubelnder Bürger ziehen 384 Abgeordnete der ersten gewählten deutschen Nationalversammlung in die Paulskirche ein. Oben auf der Paulskirche weht die schwarz-rot-goldene Fahne, als Zeichen einer neuen Zeit, die Freiheit, Einheit und Demokratie bringen soll. Eigentlich hätten es noch fast 500 Parlamentarier mehr sein müssen, aber nicht alle hatten die Reise rechtzeitig geschafft. Das erste deutsche Parlament war in seiner Arbeitsweise nicht sehr verschieden von einem heutigen Bundes-

*„Einigkeit und Recht und Freiheit" – mit großen Hoffnungen zogen die Abgeordneten der ersten deutschen Nationalversammlung in die Paulskirche ein.*

oder Landtag. Es gab bisweilen temperamentvolle und lautstarke Debatten, Anträge und Abstimmungen. Parteien hatte man zwar noch nicht, aber sehr schnell schlossen sich Abgeordnete mit derselben Grundeinstellung zu Gruppen zusammen, die oft nach den Frankfurter Cafés und Restaurants benannt waren, in denen sie tagten.

Platz gab es genug, denn damals hatte die Kirche noch eine Empore und bot fast 2.000 Menschen Raum. Damit die Abgeordneten richtig arbeiten konnten, wurden eine Heizung und eine Gasbeleuchtung eingebaut. Genau deshalb wurde die „Paulskirchenverfassung" gar nicht in der Paulskirche beschlossen. Die erste freiheitliche gesamtdeutsche Verfassung wurde in einer nicht mehr existierenden Kirche am Kornmarkt verabschiedet, wo das Parlament während der Bauarbeiten tagte.

*Schwarz, Rot, Gold – unter diesen Farben tagte die Versammlung in der Frankfurter Paulskirche.*

Die deutsche Öffentlichkeit blickte nun voller Spannung nach Frankfurt. Von der Nationalversammlung wurde erwartet, dass sie die eben errungenen Freiheiten gegenüber den Einzelstaaten zu Geltung bringen sollten. „Die Paulskirche" genoss denkbar größtes Prestige in der Bevölkerung und die hier tagenden Abgeordneten waren die Hoffnungsträger des fortschrittlichen Deutschlands. Die Neuordnung der deutschen Staatenwelt auf freiheitlicher Grundlage und der gemeinsame Staat sollten keine gnädige Gabe sein, die die Fürsten gewähren und wieder nehmen konnten, sondern durch den Willen des Volkes beschlossen und garantiert werden.

Allerdings war die Paulskirche ein Parlament ohne eine allgemein anerkannte Regierung. Zwar hatte man erstmals einen gesamtdeutschen Ministerpräsidenten gewählt, Heinrich von Gagern, nach dem heute ein Frankfurter Gymnasium benannt ist. Auch gab es Minister, die aber politische Beschlüsse nicht ausführen konnten, weil ihnen keine Beamte, keine Polizei und kein Militär unterstellt waren. Die nämlich befehligten die Fürsten der Einzelstaaten. Als diese sich gegen die Revolution durchsetzten, konnte das Parlament auch die Verfassung nicht umsetzen und die großen Hoffnungen nicht erfüllen. Insofern konnte die Nationalversammlung nicht zum wirklichen Entscheidungszentrum der deutschen Politik, Frankfurt nicht zur Hauptstadt eines neuen deutschen Gesamtstaates werden. Das wurde dann 25 Jahre später Berlin, womit auch klar wurde, wer nach 1871 im Kaiserreich das Sagen hatte: Nicht das deutsche Volk als demokratischer Souverän, sondern das Königreich Preußen!

Gemeinsam mit Österreich wird Preußen zum Totengräber der ersten deutschen Revolution. In Österreich sieht man nicht ein, warum man sich wegen des Ideals der deutschen Einheit von seinen ungarischen und slawischen Untertanen trennen soll und lehnt die Verfassung ab. Und in Berlin hat der preußische König nicht die Absicht, an eine Nationalregierung Macht und Einfluss abzugeben. Ähnlich denken auch die übrigen Könige in München, Stuttgart und Dresden.

Bald kommt es zu Konflikten zwischen Preußen und dem Paulskirchenparlament, die die Machtlosigkeit der Volksvertretung deutlich machen. Nun wollen radikale Kräfte das Parlament gewaltsam auf- und eine umfassende Revolution auslösen. Mitte September 1848 zetteln radikale Kräfte in Frankfurt einen Volksaufstand gegen die Paulskirche an. Zwei konservative Abgeordnete werden ermordet und der Aufstand schließlich vom Militär niedergeschlagen. Die Vorfälle beschädigen das Ansehen der Paulskirche nachhaltig.

Im Herbst und Winter 1848 gewinnen die Gegner der Revolution überall an Kraft. Die politischen und militärischen Auseinandersetzungen verlagern sich nun von Frankfurt zunehmend in die Hauptstädte der Einzelstaaten, wo es vielfach auch zu Tumulten und Straßenkämpfen mit Toten und Verletzten kommt. Überall schlagen Truppen die Aufstände nieder und bringen die Städte wieder unter ihre Kontrolle. Die revolutionären Regierungen werden aufgelöst, Verhaftungen und Hinrichtungen machen auch vor Abgeordneten der Paulskirche nicht halt.

Der Todesstoß kommt aus Berlin. Nach langen Diskussionen hatte sich eine knappe Mehrheit im Paulskirchenparlament für eine konstitutionelle Monarchie als Staatsform des künftigen Deutschland entschieden. Die Kaiserkrone soll nun König Friedrich Wilhelm IV. tragen. Er lehnt dies allerdings ab. Eine Krone vom Volke will er nicht annehmen. Herrscherwürde, glaubt er, könne nur Gott verleihen. Damit ist das Verfassungsprojekt gescheitert. Ohne Preußen ist kein geeintes Deutschland denkbar, gegen diesen mächtigen Einzelstaat schon gar nicht. Der Zorn darüber entlädt sich abermals in bürgerkriegsähnlichen Unruhen. Auch in Frankfurt wird am 13. Mai 1849 ein Bürger von Soldaten tödlich verletzt. Schließlich ziehen immer mehr Staaten ihre Abgeordneten aus der Paulskirche zurück, und am 20. Mai 1849 schließt der Präsident die letzte Sitzung des Paulskirchenparlamentes.

Das Gebäude kehrte zu seinem ursprünglichen Zweck zurück und diente von 1852 bis zu seiner Zerstörung 1944 durch alliierte Bomber als Kirche. Schon 1946 gründete sich eine Initiative zum Wiederaufbau. Frankfurt wollte Hauptstadt der deutschen Nachkriegsrepublik werden. Es lag nahe, an die parlamentarisch-demokratische Tradition der Paulskirche anzuknüpfen. Deshalb wurden große Anstrengungen unternommen, das Gebäude zum Jahrhundertjubiläum 1948 fertigzustellen. Oberbürgermeister Kolb hoffte, dort die erste Sitzung eines neuen Bundestages eröffnen zu können.

Mit der Hauptstadt wurde es zwar nichts, aber die Paulskirche ist seither das Symbol des demokratischen Deutschland. Politische Gedenkstätte, Haus der Demokratie, Haus aller Deutschen nannten sie die Redner bei der Wiedereröffnung am 18. Mai 1948. Zahlreiche Veranstaltungen und Tagungen von nationaler und internationaler Bedeutung, die Verleihung angesehener Auszeichnung wie des Goethepreises und des Friedenspreises des Deutschen Buchhandels, große Reden deutscher und ausländischer Staatsoberhäupter: Jeder ist stolz, einmal von ihrem Rednerpult aus gesprochen zu haben. Zahlreiche Gedenktafeln und Skulpturen erinnern an Personen und Ereignisse, die mit der Geschichte der deutschen Demokratie verbunden sind. Nach einer umfassenden Sanierung in den achtziger Jahren hält seit 1991 das monumentale Wandgemälde von Johannes Grützke den Einzug der Paulskirchenparlamentarier 1848 fest: Hier wurde die Tradition begründet, die erst nach der Erfahrung zweier Diktaturen heute in ganz Deutschland feste Wurzeln geschlagen hat.

# III. Ereignisse, aus denen Geschichte spricht

## 1454: Johannes Gutenberg besucht seine Nichte in Frankfurt

Vom benachbarten Mainz aus ist es nicht allzu weit nach Frankfurt. Deshalb hat Johannes Gutenberg vermutlich die Chance wahrgenommen, zum Reichstag im Jahr 1454 nach Frankfurt zu kommen, seine Nichte zu besuchen und seine neue Erfindung vorzustellen: gedruckte Bücher. Seine offiziellen Biographien schweigen sich über den Besuch in Frankfurt aus. Aber ein Brief von Enea Silvio Piccolomini gibt einen Hinweis. Piccolomini hat als kaiserlicher Rat am Frankfurter Reichstag 1454 teilgenommen – später ist der Gelehrte und Schriftsteller als Papst Pius II. in die Geschichte eingegangen. Im März 1455 schreibt er an den spanischen Kardinal Juan de Carvajal, er habe in Frankfurt erstmals gedruckte Bögen einer Bibelausgabe gesehen, „mit sauberen, äußerst korrekten

und an keiner Stelle fehlerhaften Buchstaben, die Euer Hochwürden ohne Mühe und ohne Brille lesen könnte." Bis dahin mussten Bücher noch mühsam mit der Hand abgeschrieben werden, was lange Zeit in Anspruch nehmen konnte. Eine Bibel abzuschreiben beschäftigte einen geübten Schreiber für etwa drei Jahre. In Frankfurt hatte Piccolomini nun Seiten einer Bibelausgabe gesehen, die gedruckt war; angeblich waren bereits 158 Exemplare der Bibelausgabe vollendet! Der Brief von Piccolomini ist der erste Hinweis auf die gedruckte Bibel von Johannes Gutenberg. Er hatte in den Jahren zuvor eine neue Drucktechnik mit Hilfe beweglicher Lettern entwickelt. Dazu wurden viele tausend Buchstaben gegossen und dann später in einem Rahmen zu einer Seite zusammengesetzt. Dieser so genannte Satz wurde dann eingefärbt

*Seine Erfindung des Drucks mit beweglichen Lettern bewirkte eine kulturelle Revolution: Johannes Gutenberg.*

und konnte nun auf Papier gedruckt werden. So konnte man Bogen um Bogen, Seite um Seite drucken, und zwar so häufig man wollte. Anders als heute wurden die Bücher nicht als fertige Ware verkauft, sondern als Bögen. Ein Buchbinder musste sie dann zu einem Buch zusammenfassen. Häufig wurden die einzelnen Bögen dann auch noch nach dem Druck farbig gestaltet, etwa mit kunstvoll ausgeführten Anfangsbuchstaben oder mit Ornamenten. So glich dann am Ende kein Buch dem anderen: Sie waren zwar alle gleich gedruckt, aber unterschiedlich ausgemalt und gebunden.

Mit seiner Erfindung des Drucks mit beweglichen Lettern hatte Gutenberg eine Revolution bewirkt – er wusste es allerdings nicht. Er war ein geschickter Geschäftsmann, der vor allem Geld verdienen wollte. Aber welche Wirkungen hat dieser Buchdruck gehabt! Am Ende des letzten Jahrhunderts wurde von amerikanischen Wissenschaftlern Gutenberg deshalb zum Mann des Jahrtausends gewählt. Denn ohne ihn und seine Erfindung, so die Begründung, hätte Kolumbus (Platz 2) den Seeweg nicht gefunden, hätte Shakespeare (Platz 5) keine Verbreitung gehabt und wäre Martin Luther mit seinen 95 Thesen (Platz 3) ohne Widerhall geblieben. Die Reihe ließe sich beliebig fortsetzen. Ein nicht unbeträchtlicher Teil der 1.000 Männer und Frauen des Jahrtausends verdanken ihre Wirksamkeit der Erfindung von Gutenberg. Die Welt hat sich durch ihn geändert. Zu Gutenbergs Zeit war Lesen Sache einer kleinen Minderheit. Bücher waren, weil sie aufwändig mit der Hand geschrieben wurden, extrem teuer. Der Kreis der Leser hat sich durch Gutenberg explosionsartig erweitert. Bücher wurden billiger. Die Menschen konnten sich nun über alle möglichen Dinge durch Bücher selbst unterrichten – oder eben selbst schreiben und ihre Erkenntnisse anderen Menschen vermitteln.

Es lag nahe, dass Gutenberg zunächst eine Bibel druckte, das Buch der Bücher, wie man heute sagt. Das hat die Ausbreitung der Heiligen Schrift beschleunigt, wenn auch zunächst nur in der lateinischen Sprache. Erst Martin Luther hat mit seiner Übersetzung der Bibel in die deutsche Sprache 1522 (Neues Testament) und 1534 (Altes Testament) die Grundlage dafür gelegt, dass die Bibel weiten Teilen der Bevölkerung zugänglich wurde.

Aber Gutenberg druckte auch andere Dinge. Der Reichstag in Frankfurt 1454 beschäftigte sich unter anderem mit dem Fall von Konstantinopel, heute Istanbul, das im Jahr zuvor von den Osmanen erobert worden war. Seit dem Ende des weströmischen Reiches im Jahr 476 galt Konstantinopel als das zweite Rom, als die legitime Nachfolgerin des Römischen Reiches. Damit war es nun vorbei. Die Hagia Sophia, damals die größte Kirche der Christenheit, wurde zu einer Moschee. Die Angst vor einer weiteren Ausbreitung der „Türken" und des islamischen Glaubens war weit verbreitet. Sollte man einen Kreuzzug ausrufen?

Diese Frage ist auch auf dem Frankfurter Reichstag diskutiert worden. Dabei hielt Piccolomini eine Rede, in der er für ein gemeinsames europäisches Heer zur Verteidigung gegen die Türken warb. Gutenberg jedenfalls erwies sich als Geschäftsmann, der keine Gelegenheit ausließ. Er druckte einen Kalender für das Jahr 1455 mit dem Titel „Eine Mahnung der Christenheit wider die Türken". Darin wird die christliche Welt aufgefordert, sich gegen die Türken zu erheben. Das war eine erste politische Flugschrift, die die Menschen zum Handeln aufforderte. Viele weitere folgten in den Jahren und Jahrzehnten darauf. Der Druck ermöglichte es eben, sehr viele Menschen mit der gleichen Nachricht zu erreichen. Aus dem viel diskutierten Kreuzzug gegen die Osmanen ist aber trotzdem nie etwas geworden.

Ein weiteres gutes Geschäft für Gutenberg war der Druck von Ablassbriefen. Durch den Erwerb dieser Ablassbriefe

Gutenberg druckte zuerst die Bibel in lateinischer Sprache.

konnten den Gläubigen Sündenstrafen erlassen werden. Durch die neuen Möglichkeiten des Druckens konnten die Schriftstücke als Massenware verkauft werden. Das war nicht nur ein für die Kirche einträgliches Geschäft, sondern auch für den Drucker. Später, lange nach Gutenbergs Tod, waren es eben diese Ablassbriefe, die Martin Luther veranlassten, seine 95 Thesen an die Schlosskirche zu Wittenberg zu schlagen. Damit sollten die Reformation und die Spaltung der Kirche beginnen.

Die Erfindung von Gutenberg verbreitete sich sehr schnell. Überall entstanden Druckereien. Man schätzt, dass bis zum Jahr 1500 in ganz Europa über 250 Druckereien entstanden sind, die etwa 27.000 Druckwerke in einer Auflage von insgesamt 20 Millionen Exemplaren hergestellt haben. Davon entfiel ein Drittel auf Deutschland. Und was wurde nicht alles gedruckt: Die Texte der klassischen griechischen und vor allem römischen Autoren, die Kirchenväter, theologische Traktate, Unterhaltungsliteratur, Ratgeber für das praktische Leben, Schulbücher, gelehrte Abhandlungen – ein breites Angebot und für jeden etwas.

Gutenberg hat in Frankfurt als Stadt des Reichstags, als Messestadt, sein neues Produkt angeboten; bald schon wurden Bücher in Frankfurt zur viel gehandelten Ware. Sie wurden als ungebundene Papierrollen in Fässern transportiert und auf den Messen vorgestellt. Der erste Großbuchhändler, Peter Schöffer, eröffnete 1462 hier seinen Firmensitz. Er hatte mit Gutenbergs früherem Geschäftspartner Johann Fust die Gutenbergsche Druckerei übernommen und lieferte seine Bücher von Paris bis zur Ostsee. Bedeutende Druckhäuser entstanden in Nürnberg, Augsburg, Basel und Straßburg. In Frankfurt entwickelte sich erst später ein Verlagswesen. Ab 1530 gewann die Stadt als Druckort an Bedeutung und beherrschte bald das deutschsprachige Programm der Unterhaltungsliteratur. Der Buchhandel traf sich zweimal im Jahr in Frankfurt, zur Frühjahrs- und Herbstmesse. Frankfurt war durch die Gutenberg'sche Erfindung zur Buchmetropole des Deutschen Reiches geworden.

Allerdings konnte Frankfurt diese Stellung nicht halten. Im Lauf der Zeit wurde Leipzig zur deutschen Buchmetropole. Die Leipziger Buchmesse stellte die Frankfurter in den Schatten. Gründe dafür gab es viele. Ein Grund war sicherlich die Zensur – seit der Erfindung des Buchdrucks gab es eben auch Versuche, missliebige Literatur zu unterdrücken. Frankfurt als Freie Reichsstadt unterstand dem Kaiser, und die antikatholische Literatur war hier nicht wohl gelitten. Anders im sächsischen Leipzig. Zwar gab es auch hier Zensurgesetze, aber sie wurden viel freier und liberaler gehandhabt als in Frankfurt. Die Frankfurter Buchmesse fiel in die Bedeutungslosigkeit. Auch die Standesorganisation der Buchhändler, der Börsenverein des deutschen Buchhandels, wurde 1825 in Leipzig gegründet. Leipzig wurde zur Buchstadt Deutschlands. 1912 wurde dort die Deutsche Bücherei gegründet. Ihre Aufgabe war es, die gesamte in Deutschland erscheinende und deutschsprachige Literatur des Auslands zu sammeln, zu erfassen und zugänglich zu machen.

Nach dem Zweiten Weltkrieg änderte sich alles. Durch die Teilung Deutschlands war Leipzig in die Sowjetische Besatzungszone gelangt. Der Börsenverein des Deutschen Buchhandels verlegte seinen Sitz nach Frankfurt, 1946 wurde hier die Deutsche Bibliothek als Archivbibliothek gegründet. Sie gibt unter

*Arbeiten in Mainz, verkaufen in Frankfurt: Gutenbergs Werkstatt machte auf den Frankfurter Messen glänzende Geschäfte.*

anderem ein jährliches Verzeichnis aller deutschen und deutschsprachigen Neu-
erscheinungen heraus. Seit 1949 finden in Frankfurt wieder alljährliche Buch-
messen statt. Heute ist die Buchmesse die weltweit größte und bedeutendste
ihrer Art. Die Deutsche Bibliothek ist nach der Vereinigung Deutschlands mit
der Deutschen Bücherei in Leipzig zur Deutschen Nationalbibliothek mit
Hauptsitz in Frankfurt zusammengefasst worden. Die Mainmetropole beherbergt darüber hinaus die Deutsche Buchhändlerschule und ist Verlagsort vieler
großer und bedeutender Verlage. Ein berühmter Verleger, Siegfried Unseld, ist
vor wenigen Jahren sogar zum Ehrenbürger der Stadt ernannt worden. Mehr als
500 Jahre also, nachdem der Mainzer Johannes Gutenberg mit seinen ersten
Druckbögen und seinem Besuch bei seiner Nichte die Frankfurter Buchtraditi-
on begründet hat, ist Frankfurt nach einigen Umwegen die bedeutendste Buchstadt Deutschlands geworden. Sie hat dem „Mann des Jahrtausends" und seiner
Erfindung viel zu verdanken.

## 1495: Ein Frankfurter holt den Kaiser vom Pferd, oder: Vom Ende des Rittertums

*Von einem Frankfurter im Turnier besiegt?*
*Kaiser Maximilian I., der „letzte Ritter".*

Auch der „letzte Ritter" gewann nicht
jedes Turnier, und so holte der Sage
nach ausgerechnet ein Frankfurter den
Kaiser des Heiligen Römischen Reiches vom Pferd: Natürlich, so will es
die Sage, war es eine Liebesgeschichte,
die im Jahre 1495 Maximilian I. und
den Frankfurter Patrizier Ambrosius
von Glauburg im Turnier aufeinander-
treffen ließ – und der Frankfurter stieß
den Kaiser vom Pferd in den Staub.

Was die beiden Herren da vorführ-
ten, hatte Ende des 15. Jahrhunderts
schon mehr von Nostalgie als von
aktueller Kriegkunst. Nicht umsonst
nannte man Maximilian zugleich „den
letzten Ritter" und den „Vater der
Landsknechte". Der Kaiser war in
einer Person der letzte große Vertreter

des langsam dahinschwindenden Rittertums und zugleich der Förderer und Anführer der Fußsoldaten. Diese hatten mit ihrer Organisation und Kampfesweise den gepanzerten Reitern ihre militärische Überlegenheit genommen. Ritter war der Kaiser nur noch bei prächtigen Aufzügen und im Turnier. Wenn es aber ernsthaft in den Krieg ging, verließ er sich auf die Infanterie mit ihren Gewehren und meterlangen Spießen, die er ebenso professionell zu handhaben wusste wie die Turnierlanze.

Für das halbe Jahrtausend davor war der Ritter die prägende Gestalt der europäischen Geschichte. In ganz Europa waren die gepanzerten Reiter zwischen dem zehnten und dem vierzehnten Jahrhundert nicht nur die vorherrschende Kriegerklasse. Im Auftrage seines Fürsten, der ihn meist als erblichen Herren über ein paar Dörfer einsetzte, sorgte der Ritter auch für Ordnung und Sicherheit unter den Bauern, von denen er Steuern und Abgaben einzog. Davon, und von kostenlosen Diensten, die die Bauern ihm leisten mussten, lebte der Reiterkrieger mit seiner Familie, musste sein Pferd, seine Waffen und eine Anzahl weiterer Soldaten bezahlen. Er war also Herr und zugleich auch Diener. Wenn der Fürst in den Krieg zog, musste der Ritter mit seinen Gefolgsleuten an seiner Seite kämpfen. Diese Beziehung nannte man Lehnsverhältnis. Es beruhte auf der durch Eide beschworenen Treue zwischen Lehnsherr und Ritter und hielt letztlich die ganze mittelalterliche Gesellschaft vor allem auf dem Lande zusammen. Der Ritter, der „niedere Adel", war wirtschaftlich wie politisch eine zentrale Figur. Er war die Mittelinstanz zwischen dem regierenden Hochadel der Könige und Herzöge und der mehr oder weniger unfreien Landbevölkerung.

Dass dieser oft brutale Berufskrieger zu einem Vorbild werden konnte, ist im Wesentlichen der Kirche zu danken. Deren Lehren trugen dazu bei, die Rauflust und Kampffreude der Ritter zu zügeln und in geordnete Bahnen zu leiten. Nicht nur für Lehnsherrn und Kaiser sollten sie das Schwert ziehen, sondern vor allem für die Ideale des Christentums, im Dienste der Kirche, zum Schutze der Schwachen und für Recht und Gerechtigkeit. Natürlich kriegten sich die Herren wegen jeder – oft nur zu banalen – Streitigkeit in die Haare, und führten gar richtige kleine Kriege gegeneinander und vielerorts hatten die Bauern unter der Willkür ihrer Herren bitter zu leiden. Dennoch strebten viele Adlige dem Idealbild des edlen, hilfreichen und gläubigen Streiter Gottes nach und versuchten, es mit Leben zu erfüllen.

Die Macht des Landadels endete in den meisten Fällen an den Mauern der großen Städte. Auch die Städte sind, mit Ausnahme einiger römischer Gründungen, ein Kind des Mittelalters und entwickelten sich im 11. und 12. Jahrhundert zu einem eigenständigen Machtfaktor in ganz Europa. Ihre Bürger, durch Handwerk und Handel zu Wohlstand und zu Selbstbewusstsein gekommen, entzogen sich nach und nach der Herrschaft der lokalen Fürsten. Vielerorts ging das mit Unruhen und Kämpfen einher, wobei es die Frankfurter etwas leichter hatten. In der Mitte des 14. Jahrhunderts erhielten sie den begehrten Status der Reichsunmittelbarkeit. Das bedeutete, dass die Stadt Frankfurt nur noch dem Kaiser selbst unterstand und damit denselben Status beanspruchen konnte wie die großen Adelsgeschlechter der regierenden Herzöge oder Reichsgrafen. Um dieselbe Zeit überflügelte die Stadt an wirtschaftlicher Bedeutung die anderen, ebenfalls wohlhabenden Städte der Umgebung wie Wetzlar, Friedberg oder Gelnhausen.

In jedem Falle aber ging es den Städten und ihren Bewohnern erheblich besser als der umliegenden Landbevölkerung. Nicht nur Steuern und Abgaben an Ritter und andere Lehnsherren sowie deren Streitereien, die auf dem Rücken der Landbevölkerung ausgetragen wurde, drückten dort auf den Lebensstandard. Vor allem den jüngeren Bauernsöhnen und Töchtern, die die väterliche Hofstelle nicht erben konnten, winkte oft nur ein armseliges Dasein als Tagelöhner oder Magd. In der Stadt gab es immer mehr und meist auch bessere Verdienstmöglichkeiten als in den Dörfern, und einem tüchtigen Lehrjungen konnte der Aufstieg zum Meister und damit sogar die Erlangung des Bürgerrechts gelingen. Kein Wunder, dass die bäuerliche Bevölkerung den Drang hatte, sich in den Städten niederzulassen.

Zwar war auch das Leben in den Städten keineswegs frei: Die Verordnungen der Räte regelten so ziemlich alles, was es zu regeln gab – von der Öffnungszeit der Stadttore bis zur Kleidung, die man zu tragen hatte. Dennoch bedeutete die Stadt bessere Chancen. Sie war der Ort wirtschaftlichen Wachstums und Wohlstands. Dadurch öffnete sich die Wohlstandsschere zwischen Städten und Umland immer weiter. Vom wirtschaftlichen Zurückfallen der bäuerlichen Regionen waren auch die adligen Grundherren betroffen. Manche der stolzen Rittergeschlechter der Umgebung waren im Vergleich zu den Stadtbürgern arme Schlucker und lebten in kärglichen Verhältnissen.

Und das sorgte für Ärger. Schon im Jahre 1333 benötigte die Stadt wegen der vielen Reibereien mit den umliegenden Ritter- und Grafengeschlechtern eine neue Stadtmauer. An der Stadt selbst konnten die Ritter ihren Neid und ihren Zorn nicht auslassen. Ihre Befestigungen waren stark, das Stadtmilitär zu zahlreich. Wurde eine mächtige Stadt herausgefordert, konnte sie selbst zum Gegenschlag ausholen oder als Reichsstadt wie Frankfurt den Kaiser um Hilfe bitten. Im Falle einer Belagerung konnten die Mauern der Ritterburgen den neuartigen Kanonen nicht standhalten. Die waren im 15. Jahrhundert bereits so wirksam, dass sie selbst dicke Stadtmauern zerschmettern konnten. Selbst solche Geschütze zu bauen oder ihre Burgmauern verstärken, konnten sich die meisten Ritter und Grafen nicht leisten.

Dafür hatten nur mächtige Herzöge und Könige oder eben die großen und reichen Städte das nötige Geld. Dort konzentrierten sich nicht nur die Finanzen, sondern auch das technische Wissen für solche komplizierten Arbeiten wie das Geschützgießen. So kam Geld zu Geld, denn die Städte und deren Landesherren verdienten an Herstellung und Verkauf der Rohmaterialien ebenso wie an den fertigen Kanonen – und wurden dadurch noch reicher und mächtiger. Die Stadtbürger waren als direkte Untertanen des Kaisers von vielen Zöllen und Abgaben befreit. Das Eigentum der zur Frankfurter Messe anreisenden Kaufleute und ihre Warentransporte war ebenfalls geschützt – jedenfalls auf dem Papier.

Innerhalb der Stadtmauern waren die Bürger und Kaufleute sicher, aber außerhalb wurden sie oft genug Opfer von Räubern und Wegelagerern, manchmal Gelegenheitsdiebe aus Not, oft auch Banden, die ganze Landstriche unsicher machten, Höfe überfielen, Viehherden von den Weiden forttrieben und dafür von den Stadtwachen oder der Ritterschaft gejagt und bei Ergreifung abgeurteilt wurden. So hatte am 5. Oktober 1405 der Ritter Gottfried von Eppstein Frankfurter Bürgern bei Nacht das Vieh von der Weide gestohlen. Der Rat

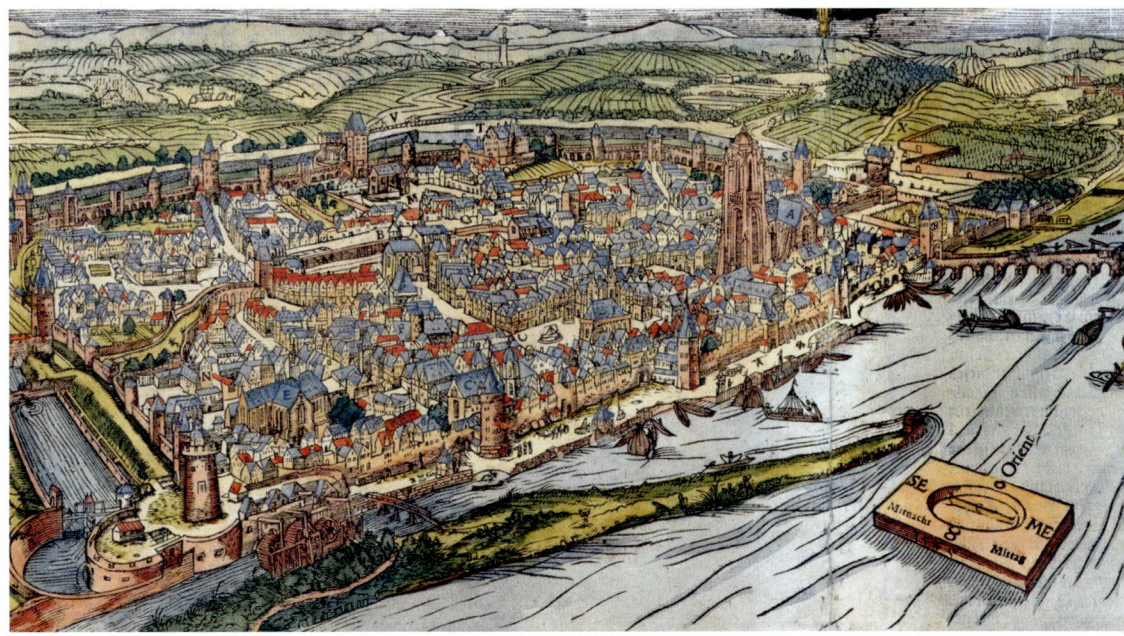

*Innerhalb der Stadtmauern waren die Bürger sicher. So sah die Stadt im 16. Jahrhundert aus, als der Holzschneider Martin Hoffmann sie für die „Weltbeschreibung" des Gelehrten Sebastian Münster abbildete.*

kam dahinter und forderte die Rückgabe der Tiere. Treuherzig teilte der Vieh-
dieb mit, hätte man gewusst, dass das Vieh Frankfurtern gehörte, hätte man es
nie und nimmer gestohlen. Leider aber habe man die Tiere nun schon
geschlachtet und aufgegessen. Der Rat möge doch so gut sein und auf eine
Rückgabe verzichten ....

Leicht hätte diese Auseinandersetzung in eine Fehde münden können. Eine
Fehde war ein mittelalterlicher Kleinkrieg. Ihr Grund war zumeist ein Rechts-
streit, zu dem es oft bei Handelsgeschäften oder Erbfällen kommen konnte,
zwischen Städten, Grafschaften, Rittern, Klöstern oder gar ganzen Fürstentü-
mern. Eine solche Feindschaft wurde formell durch einen Fehdebrief angekündigt, und wenn es vor dem Schiedsgericht zu keiner Einigung kam, griff man
oft auch zur Gewalt. Wurde beispielsweise ein Frankfurter Bürger Opfer eines
Übergriffes, musste er sich an den Rat der Stadt wenden. Der entschied dann,
ob die Forderung berechtigt war und sandte dem Gegner einen Fehdebrief zu.
Das kam nicht eben selten vor; zwischen den Jahren 1381 und 1425 war Frankfurt in 229 Fehden verwickelt. Da kein Normalbürger oder gar Fremder wissen
konnte, wer nun gerade mit wem ein Hühnchen zu rupfen hatte, lag beim Rat
ein Fehdebuch mit dem aktuellen Sachstand aus. Reisende konnten sich so
informieren, um welche Landstriche sie besser einen Bogen machen sollten.

Zur üblichen Taktik gehörte es nämlich, die Gegenseite dadurch zum Ein-
lenken zu zwingen, dass man ihr möglichst empfindlichen Schaden zufügte:
Vieh stehlen, Feldfrüchte abgreifen, Höfe oder gar ganze Dörfer abfackeln und
die Bauern erschlagen, Bürger überfallen, ausplündern oder gefangen nehmen,
um Lösegeld zu erpressen – der Phantasie waren keine Grenzen gesetzt. Wer es
allerdings übertrieb, rief möglicherweise Gegner auf den Plan, denen er dann
doch nicht gewachsen war: Während einer langen Fehde mit Frankfurt drohten
die Herren von Westerburg, die zur Messe des Jahres 1397 nach Frankfurt
anreisenden Kaufleute zu überfallen. So wollte man die Frankfurter Messe,
wichtigste Einnahmequelle der Stadt, schädigen. Die Herren aus dem Wester-
wald hatten aber übersehen, dass an diesen Handelsgeschäften noch andere ein
Interesse hatten: Die von Frankfurt um Hilfe gebetenen Erzbischöfe von Trier,
Mainz und Köln, der Landgraf von Hessen und der Pfalzgraf haben ihrem
Westerburger Kollegen offenbar deutlich erklärt, was ihm blüht, wenn er seine
Drohungen wahr macht.

In diesem Falle hatte die Warnung gewirkt. Mehr als einmal mussten die
Frankfurter dann aber doch zur Tat schreiten. Einen guten Teil ihrer Fehden
führte die Stadt als Mitglied von Bündnissen. Im Jahre 1405 stellten Frankfurt,
Städte wie Friedberg Wetzlar, Gelnhausen, Mainz und der damalige König
Ruprecht ein Heer von 900 Mann auf, um dem Raubritterunwesen in der Wet-

terau gründlich zu Leibe zu rücken. Sie zerstörten eine Burg und mehrere Stütz-
punkte, von denen sich die meisten angesichts der überlegenen Streitmacht
ohne Widerstand ergaben.

So gut ist es nicht immer gelaufen. Um der Macht der Städte zu trotzen, hatten sich in manchen Landstrichen verarmte Ritter zu „Rittergesellschaften"
zusammengeschlossen. Eine davon, der „Löwenbund", war in den 1370er Jahren so unangenehm geworden, dass sich zahlreiche Städte dagegen verbündeten.
Frankfurt und die umliegenden Städten waren wiederum besonders daran
interessiert, die Angehörigen der Löwengesellschaft in der Wetterau und im
Taunus in die Schranken zu weisen, was zunächst ganz gut gelang.

Als in diesem „Städtekrieg" die rheinischen und schwäbischen Städte 1388
aber zwei größere Schlachten verloren, nutzten die Ritter von Kronberg und
Reifenberg, unterstützt von den sonst eher mit Frankfurt verbündeten Grafen
von Hanau, die Gunst der Stunde und erklärten Frankfurt die Fehde. Mit den
Kronbergern hatten Frankfurt und die umliegenden Städte viel Ärger; schon
1380 mussten Frankfurt und seine Verbündeten eine vierjährige Fehde mit
Bedingungen beenden, die einer Kapitulation gleichkamen.

Rund 2.000 Mann, Söldner, Zünfte und Patrizier brachen mit königlicher
Genehmigung auf, um die Burgen der lästigen Nachbarn in die Hand zu bekom-
men. Unterwegs brannten sie Bauernhöfe nieder, zerstörten Felder und Weingär-
ten und begannen mit der Belagerung. Truppen aus der Pfalz und aus Hanau eil-
ten den Kronbergern zu Hilfe und brachten der Frankfurter Streitmacht am 14.
Mai 1389 bei Eschborn eine saftige Niederlage bei. Rund 100 Tote und über 600
Gefangene ließen die Frankfurter auf dem Schlachtfeld zurück. Lösegeld und
Reparationen kosteten die Stadt nach dem Friedensschluss eine erhebliche
Summe Geld, an deren Bezahlung sie lange zu knabbern hatte.

Nach den heftigen Fehden mit der Stadt Frankfurt verlegten die Kronberger
Ende des 14. Jahrhundert ihren Wohnsitz auf die Tannenburg bei Seeheim und
machten mit anderen Mitgliedern des „Löwenbundes" daraus einen gefürchteten
Sitz von Raubrittern. Dem Bündnis der Bistümer von Mainz und Speyer, des
Pfalzgrafen sowie der Städte Worms, Frankfurt, Mainz, Friedberg und Gelnhausen hatten die Brüder Hartmut und Johann von Kronberg aber nichts entgegen-
zusetzen. Am 22. Juni 1399 wurde unter der Führung von Graf Philipp von Nas-
sau die Burg belagert. Mit schweren Waffen, darunter fünf Geschützen, setzte
man der Burg, die mittlerweile mit 65 Mann besetzt war, stark zu. Jedoch konnte die Besatzung die ersten Angriffe abwehren, da sie schon Handfeuerbüchsen
besaß. Die Wende brachte erst eine schwere Kanone aus Frankfurt. Mit 20 Pfer-
den wurde die rund 3.500 kg schwere Steinbüchse gezogen. Rund 40 Kugeln mit
je 50 cm Durchmesser und einem Gewicht von 170 kg schlugen Breschen in die

Burg. Aber erst als der Bergfried durch eine Pulverexplosion zerstört wurde, gab die Besatzung auf. Die Burg Tannenberg war damit die erste deutsche Burg, die durch Feuerwaffen zur Übergabe gezwungen wurde – kein Ritter konnte sich von nun an in seiner Burg mehr sicher fühlen.

Allerdings griff der Rat der Stadt Frankfurt auch zu weit weniger drastischen Mitteln, um die Gegensätze zur Ritterschaft aus der Umgebung zu mildern. So pachtete der Rat Nutzungsrechte an Gebäuden an wichtigen Straßen und Kreuzungen, um darin bei Bedarf Wachpersonal stationieren zu können. Oder er heuerte Ritter, immerhin geübte Berufskrieger, militärische Führungskräfte und Burgverwalter, als Hauptleute für die Söldner der Stadtwache an oder setzte sie als Burgvogt in stadteigenen Burgen und befestigten Posten ein.

Eine Garantie für dauerhafte Loyalität war das aber nicht, wie die Geschichte von der wechselvollen Beziehung des Herrn Bechtram von Vilbel zur großen Nachbarstadt zeigt. Der lag in den Jahren 1387 und 1388 mit der Stadt Frankfurt in Fehde, auch in den beiden folgenden Jahren gab es Streit. Dann diente er der Stadt in den Jahren 1392 und 1393 – solche Verträge wurden meistens für ein Jahr abgeschlossen – als Söldner, im folgenden Jahr machte ihn der Rat sogar zum Kommandeur. Nur fünf Jahre später zog die Stadt gemeinsam mit Graf Ulrich von Hanau nach Vilbel, um einen gerade begonnenen Burgbau Bechtrams zu zerstören; eine neue Raubritterburg vor der Haustür hatte man nicht so gern. Im Jahre 1408 half er dann wieder der Stadt bei der Vermittlung

*Mit ihm wurden die Frankfurter kaum fertig: Ritter Bechtram von Vilbel überfällt reisende Kaufleute.*

in einer anderen Fehde und diente 1412 und 1413 wieder als Hauptmann des Stadtmilitärs. Den Überfall auf das zu Frankfurt gehörende Dörfchen Dortelweil hatte ihm der Rat offenbar nicht allzu lange nachgetragen, zumal er in seiner Dienstzeit tapfer und erfolgreich gegen Philipp von Reifenberg kämpfte, mit dem Frankfurt auch häufiger Streit hatte. Als er allerdings 1420 beim misslungenen Überfall auf einen gerade aus Frankfurt abreisenden Kaufmann geschnappt wurde, war es mit der Nachsicht des Rates vorbei: Bechtram kam vor Gericht, wurde verurteilte und geköpft – offenbar brauchte man Seinesgleichen nicht mehr.

Literarisch hat ein anderer großer Frankfurter den Untergang des freien Rittertums geschildert: Gottfried „Götz" von Berlichingen, der von 1480 bis 1562 nicht nur zur selben Zeit wie Kaiser Maximilian gelebt, sondern diesen auch gut gekannt hat, verkörpert in Goethes Drama den Reichsritter, der im Konflikt mit Städten und Fürsten Macht und Freiheit einbüßt – und dafür im wohl berühmtesten Zitat der deutschen Literaturgeschichte unsterblich geworden ist: „Er aber, sag's ihm, er kann mich im Arsche lecken!", brüllt der Streiter mit der eisernen Handprothese aus dem Burgfenster einen kaiserlichen Offizier an.

Am Ende des 15. Jahrhunderts verschwand der Ritter als dominierende Gestalt nach immerhin einem halben Jahrtausend von der politischen Bühne. Ein gutes Beispiel dafür ist die Familie des Kaiserbezwingers Ambrosius von Glauburg, die nach der Zerstörung ihrer Burg nahe Büdingen in einem Krieg im 13. Jahrhundert nach Frankfurt übersiedelte. Viele ihrer Mitglieder haben später wichtige Ämter in der Stadtpolitik bekleidet. So wie sie gaben vielerorts Adelsgeschlechter ihre Funktionen auf dem Land auf, zogen in die Städte oder an die Fürstenhöfe, wo sie in hohen zivilen, geistlichen und militärischen Ämtern tätig wurden. Mindestens in demselben Maße aber, in dem der Adel in Städten wie Frankfurt „verbürgerlichte", begannen die führenden Patrizierfamilien, den Lebensstil des Adels zu kopieren: Sie legten sich Wappen zu, nahmen an „ur-ritterlichen" Turnierveranstaltungen teil und strebten zunehmend die Verleihung von Adelspatenten an.

Die Gestalt des Ritters lebt noch bis in unsere Zeit hinein fort. Seine Burgen bestimmen an vielen Orten das Bild der Landschaft und sind beliebte Touristenziele. Mittelaltermärkte und Schauturniere faszinieren die Menschen ebenso wie Filme, in denen die scheppernden Helden für Kaiser, Recht und hohe Ideale streiten. Und auch diese Ideale spielen noch eine Rolle: Ritterlichkeit im Sinne von Fairness und Hilfsbereitschaft gegenüber Schwächeren sowie Höflichkeit, Benehmen wie „am Hofe" also, wissen andere Menschen bis heute zu schätzen. Und auch die Konflikte mit dem Umland werden in diesem Sinne um einiges weniger ruppig ausgetragen.

# 1699: Frau Merian fährt nach Surinam

Im Frühsommer 1699 beginnt eine mittlerweile 52-jährige gebürtige Frankfurterin mit ihrer Tochter eine Reise, die sie berühmt machen sollte. Von Amsterdam aus, wo sie seit einigen Jahren wohnt, schifft sich Maria Sibylla Merian mit ihrer 21-jährigen Tochter Dorothea Maria nach Surinam ein, einer niederländischen Kolonie im Nordosten von Südamerika. Das sagt sich heute leicht. Aber zu der damaligen Zeit war eine solche Reise noch ein Abenteuer. Viele Gefahren lauern auf dem Weg nach Surinam, von Unwettern bis zu Piraten; und die zweimonatige Überfahrt ist auch wenig komfortabel. Es ist eng und unbequem auf dem Schiff, die hygienischen Verhältnisse sind nach heutigen Standards kaum erträglich. Und dann Surinam: feuchtes, heißes Klima, Sümpfe mit Millionen Mücken, tropischer Regenwald mit einer für Europäer ungewohnten und vielleicht auch ein wenig Angst einflößenden Tier- und Pflanzenwelt. Was also bringt Frau Merian dazu, ausgerechnet nach Surinam zu reisen?

Maria Sibylla Merian hatte zum Zeitpunkt ihrer Reise nicht nur schon ein bewegtes Leben geführt, sie war auch durchaus eine bekannte und geschätzte

*Maria Sybilla Merian. Sie wurde als Tochter des Kupferstechers Matthäus Merian in Frankfurt geboren und bereiste später Südamerika.*

Künstlerin. Sie wurde als Tochter des berühmten Kupferstechers und Verlegers Matthäus Merian 1647 in Frankfurt geboren. Der Vater starb wenige Jahre später. Ihre Mutter heiratete erneut, den Maler und Kunsthändler Jacob Marrell, der das Talent seiner Stieftochter entdeckt und fördert. So wächst das junge Mädchen in einer anregenden Umgebung auf, lernt Frankfurter Maler kennen, aber auch niederländische; Marrell hält engen Kontakt in die Niederlande, er besitzt ein eigenes Haus in Utrecht. Maria Sibylla beginnt sich für Blumen zu interessieren und diese zu malen. Aber es kommt noch ein etwas ausgefallenes Interesse dazu: Insekten, vor allem aber Raupen und Larven. Sie beobachtet die

Entwicklung der Raupen, akribisch und genau zeichnet sie die unterschiedlichen Entwicklungsstadien nach: Verpuppung und das schließliche Ausschlüpfen der Schmetterlinge aus der Larve. Mit achtundzwanzig, sie ist mittlerweile mit dem Architekturmaler Johann Andreas Graff verheiratet und lebt mit ihm in Nürnberg, erscheint ihr „Neues Blumenbuch", eine Sammlung von Blumenbildern. Solche Bilder waren eine Mode der Zeit, sie wurden vielfach kopiert oder als Vorlagen für Stickereien verwendet. Eine zweite Sammlung wird zwei Jahre später herausgebracht.

Dann aber, 1679, erscheint ein Buch über die Verwandlung von Raupen, mit deutschen Kommentaren. Es richtet sich an Blumen- und Gartenliebhaber, ist ein beinahe wissenschaftliches Werk. Wie aus Raupen Schmetterlinge werden, war den Wissenschaftlern wohl bekannt. Hier konnte man es aber bildlich sehen. Es entsprach dem Geist der Zeit, sich durch eigene Beobachtung und Experimente die Welt wissenschaftlich zu erschließen. Das war nicht immer ungefährlich. Was, wenn die naturwissenschaftlichen Erkenntnisse der Lehre der Kirche widersprachen? Erst wenige Jahre vor Maria Sibyllas Geburt war Galileo Galilei gestorben. Er hatte gelehrt, dass die Erde um die Sonne kreist und war von der Kirche gezwungen worden, dieser Lehre öffentlich abzuschwören, weil sie der Ansicht der Kirche nicht entsprach. Die Wissenschaft hatte es schwer, sich gegen die Lehren der Kirche und gegen den Aberglauben durchzusetzen. So hatte der Frankfurter Stadtphysikus Adam Lonicerus 1573 behauptet, alle Krankheiten seien eine Folge der Erbsünde, also der Tat von Adam und Eva und der anschließenden Vertreibung aus dem Paradies. Man glaubte daran, dass Hexen existierten oder dass man durch Stoffumwandlung Gold herstellen könne. Verbreitet war auch die Ansicht, dass Kleinlebewesen wie Fliegen oder Würmer durch Urzeugung aus Schlamm entstehen, also ohne Eltern. Das hatte der Wissenschaftler Francesco Redi 1649 zwar widerlegt, aber der Glaube daran hielt sich noch bei den Menschen jener Zeit. Das war das Umfeld, in dem sich die neuen naturwissenschaftlichen Methoden behaupten mussten.

Aber die Wissenschaft entwickelte nicht nur neue Methoden, sondern auch neue Instrumente, mit denen die Welt genau beobachtet werden konnte, allem voran das Teleskop und das Mikroskop. Mit dem Teleskop konnte man die Bewegungen der Sterne genauer studieren, mit dem Mikroskop in das Reich der kleinsten Lebewesen eindringen. Vor allem der Holländer Antoni van Leeuwenhoek machte sich durch das Mikroskopieren einen Namen. Er entdeckte mit seinen selbst gebauten Mikroskopen Bakterien und Samenzellen von Insekten; während ihres langjährigen Aufenthaltes in Amsterdam hat Maria Sibylla Merian den berühmten Mikroskopierer kennengelernt. Sie selbst war keine Wissenschaftlerin, aber sie war neugierig und wusste um den Wert exakter Beobach-

*Maria Sybilla Merian beobachtete, wie aus Raupen Schmetterlinge werden und zeichnete in prächtigen Farben Pflanzen und Tiere Surinams.*

tung. Das zeigt sich im Raupenbuch, das die Verwandlungen von Raupe und Larve zum Schmetterling einem breiten Publikum zugänglich machte. Also eben keine Urzeugung aus Schlamm, sondern eine ganz normale biologische Entwicklung, die erklärbar und darstellbar war. So hat Maria Sibylla Merian die Erkenntnisse der Naturwissenschaft den Menschen nahegebracht.

Eine andere Aufbruchstimmung jener Zeit wurde für Maria Sibylla Merian ebenfalls wichtig: Die Entdeckung neuer Welten. Man schätzt, dass den Europäern im Jahr 1600 etwa ein Drittel der Landfläche der Erde bekannt war, zweihundert Jahre später war es doppelt so viel. Die Motive, auf Entdeckungsreise zu gehen, waren vielfältig: Die Suche nach sagenhaften Reichtümern, der

Ruhm, der einem erfolgreichen Entdecker sicher war, die Neugier auf andere Welten. Waren diese neuen Welten erst einmal entdeckt, wurden häufig Kolonien gegründet und ein reger wirtschaftlicher Austausch mit dem Mutterland eingerichtet. So taten es die seefahrenden Völker, die Engländer, die Spanier, die Portugiesen, die Niederländer. Vor allem zwischen Amerika und Europa gab es einen regen Handel, zum Wohl des jeweiligen europäischen Mutterlands.

Aber weshalb Surinam? Das Gebiet im Nordosten von Südamerika gehörte seit 1667 zu den Niederlanden, im Austausch gegen das heutige New York, das damals noch Neu-Amsterdam hieß. Wir wissen nicht, wann Merian das erste Mal von Surinam gehört hat; vermutlich aber in ihrer Zeit bei der Sekte der Labadisten. Dorthin, ins niederländische Schloss Waltha, war sie 1685 mit ihren beiden Töchtern und ihrer Mutter auf Einladung ihres Halbbruders Caspar Merian gezogen. Die Labadisten waren eine religiöse Gemeinschaft, die in großer Bescheidenheit, ohne Privatbesitz und in tiefer Frömmigkeit lebte. Ihr Begründer, Jean de Labadie, hatte ein „Handbüchlein der wahren Gottseligkeit" hinterlassen, das das Zusammenleben der Gemeinschaft regelte. Warum genau Maria Sybilla Merian dort Anschluss suchte, wissen wir nicht. Mit ihrer Ehe stand es nicht zum Besten. Vielleicht war die Zeit bei den Labadisten eine Möglichkeit, ihrer Ehe zu entfliehen? Ihrem Mann jedenfalls, der sich um ihre Rückkehr bemühte, hat sie eine deutliche Abfuhr erteilt. Bald darauf wurde die Ehe geschieden. Die beiden Töchter blieben bei der Mutter.

Herr auf Schloss Waltha war Cornelius van Aerssen, Gouverneur von Surinam. Hier wird Frau Merian von der Kolonie gehört haben, von der wunderlichen Tier- und Pflanzenwelt, auch von den Gefahren, die dort lauerten; schließlich wurde Cornelius van Aerssen 1688 von den eigenen Soldaten ermordet. 1691, nach dem Tod ihrer Mutter, verlässt Maria Sybilla die Sekte und zieht mit ihren Töchtern nach Amsterdam. Dort findet sie bald gesellschaftlichen Anschluss, sie ist ja bekannt als Malerin. Sie verkauft Bilder, gibt wohl auch Unterricht im Malen, handelt mit Farben, vermittelt Präparate: Sie ist eine Unternehmerin, und sie ist erfolgreich.

Noch einmal: Weshalb Surinam? Ihr Biograph Dieter Kühn gibt darauf eine plausible Antwort. Merian habe seit Jahrzehnten nur Blumenbilder und heimische Raupen, Insekten und Schmetterlinge gemalt. Sie wiederholte sich, und der Markt für solche Bilder war nun längst nicht mehr so gut wie noch zwanzig oder dreißig Jahre zuvor. Es mussten exotischere Vorlagen her, sie konnte die ferne Welt nach Europa holen und damit ihre Bilder besser verkaufen. Deshalb also Surinam!

Eine alleinstehende Frau auf Forschungsreise, um neue Blumen, fremdartige Insekten und andere Tiere zu malen: Das war für die damalige Zeit außergewöhnlich. Doch Maria Sybilla und ihre Tochter trotzen den Widrigkeiten. Sie beziehen ein kleines Haus am Rande der Hauptstadt Paramaribo. In den Sammlungen der reichen Bürger von Amsterdam hat sie vorher schon das eine oder andere präparierte Tier aus exotischen Ländern gesehen, aber vor Ort ist alles anders. Der Artenreichtum ist hier unendlich viel größer. Sie malt, skizziert, sammelt Blumen und Insekten, die präpariert, also haltbar gemacht werden. Doch ihr Aufenthalt dauert weniger lang, als sie es geplant hat. Sie erkrankt an Malaria, einer tropischen Fieberkrankheit, die durch den Stich einer Mücke übertragen wird. Nach nur knapp zwei Jahren muss sie Surinam wieder verlassen. Das Klima in Holland ist besser geeignet um mit den Folgen der Malaria zu leben.

Wieder in Amsterdam, stürzt sie sich in die Arbeit. Es entsteht ihr wichtigstes Buch über die Verwandlung der Insekten auf Surinam. Sie schreibt im Vorwort, es sei „für die Herren Gelehrten und Liebhaber, damit sie sehen können was Gott der Herr in Amerika für wundersame Werke und Tiere geschaffen hat." Neben den Insekten bildet sie Blumen und Vögel ab, seltene Tiere, die man in Europa staunend zur Kenntnis nimmt. Das Buch erscheint 1705, ist aber sehr teuer und deckt kaum die Kosten. Sie handelt mit Tier- und Pflanzenpräparaten, mit Malutensilien, sie verkauft Bilder. Sie ist nun eine Berühmtheit. Ihre Tochter Johanna Helena wird noch einmal mit ihrem Mann nach Surinam fahren. Ein zweiter Band über Tiere und Pflanzen ist geplant, Vorarbeiten sind gemacht. Doch ihr ist es nicht gegeben, den Band zu beenden. Sie erleidet einen Schlaganfall und stirbt im Jahr 1717.

Eine starke Frau, eine selbständige Frau: durchaus eine Ausnahme im Europa des 17. Jahrhunderts. Maria Sybilla Merian hatte einen ungewöhnlichen Lebenslauf, sie wandelte zwischen Unternehmertum, Wissenschaft und Kunst. Als wenige Jahre später der schwedische Naturforscher Carl von Linné Tiere und Pflanzen kategorisiert, benennt er eine Motte nach ihr, die „Tinea Merianella". Und später erscheint ihr Porträt auf den 500-DM-Scheinen: Das Porträt einer Frankfurterin, die sich um die Wissenschaft verdient gemacht hat.


## 1753: Voltaire wird in Frankfurt verhaftet


Heute würde man sagen: Der Mann war ein Star, ein Weltstar sogar. Und ausgerechnet in Frankfurt am Main verbrachte er einige der unerfreulichsten Wochen seines langen und ereignisreichen Lebens. Wie viele Prominente war der Franzose François Marie Arouet, der unter dem Künstlernamen Voltaire berühmt wurde, ein Mensch mit Ecken, einigen Macken und vor allem einer ziemlich scharfen Zunge. Er war der erfolgreichste Autor und Intellektuelle seiner Zeit.

Voltaire wurde 1694 in Paris geboren und starb auch dort im Jahre 1778. Dazwischen aber lebte und arbeitete er an zahlreichen Orten Europas. Teilweise, weil Reiche und Mächtige ihn einluden, um ihn und seine Gedanken näher kennenzulernen. Teilweise aber auch, weil er sich mancherorts überaus unbeliebt gemacht hatte, sowohl durch seine überaus kritischen Ansichten, die er in schonungsloser Offenheit äußerte, als auch seine Geschäftstüchtigkeit, die auch vor dubiosen Methoden nicht zurückschreckte. Boshaftigkeit, Intrigantentum und Geldgier waren Begriffe, die mit seinem Namen ebenfalls oft verbunden worden sind. In seiner französischen Heimat konnte er sich deshalb lange Zeit nicht sehen lassen, und auch seine Verhaftung in Frankfurt am Main hatte mit diesen eher unerfreulichen Seiten seines Charakters zu tun.

Voltaires Bühnenstücke werden heute in Frankreich nicht mehr aufgeführt, die meisten seiner Werke sind in Vergessenheit geraten. Nicht vergessen ist aber, dass Voltaire einer der bedeutendsten Philosophen der Aufklärung war. Unter „Aufklärung" versteht man die Idee, dass sich der Mensch nicht mehr auf Autoritäten und Traditionen, sondern auf seinen eigenen Verstand verlassen sollte. Der Mensch war frei und mit Rechten ausgestattet. Diese Lehre veränderte das Verhältnis zu Religion und Kirche, aber auch zum Staat. Den Aufklärern ging es um die Selbständigkeit des Einzelnen. Jede Autorität musste vor der menschlichen Vernunft begründet werden können. Das war eine revolutionäre Idee, und sie hatte auch revolutionäre Folgen.

Das 18. Jahrhundert war eines jener Zeitalter, die eine beträchtliche Zahl bedeutender Köpfe hervorbrachten. In diesem Falle war es Frankreich, in dem sich Geistes- und Naturwissenschaftler, Künstler und Komponisten daran machten, dem menschlichen Denken und Erkennen neue Horizonte zu erschließen. Und es gab sprachmächtige und überzeugungsstarke Autoren wie eben Voltaire, die diese Gedanken in mitreißenden Texten verbreiteten. Was ihnen dabei half, war die weite Verbreitung ihrer Sprache in der westlichen Welt. Die französische Sprache spielte in ganz Europa eine Rolle, die noch bedeutender war als die des Englischen in unseren Tagen. Sie war nämlich nicht nur die Sprache, in der Regierungen mit einander verhandelten, Kaufleute Geschäfte tätigten und in der sich die gebildeten Menschen aller Länder mit einander verständigten. Auch untereinander pflegten viele Angehörige der gehobenen Stände nicht in ihrer Muttersprache, sondern in Französisch zu „parlieren". Ein sicher extremer, aber auch kein ganz seltener Fall war der Preußenkönig Friedrich II. Er war nicht nur ein großer Politiker und berühmter Feldherr, sondern zählte auch zu den bedeutenden Intellektuellen seines Zeitalters. Er dachte, schrieb und sprach Französisch und beherrschte nach eigenem Bekunden die deutsche Sprache so schlecht „wie ein Fuhrknecht". Wie man seinen erhaltenen Notizen auf amtlichen Schriftstücken entnehmen kann, wäre er bei „PISA" glatt durchgefallen. So fühlte sich Voltaire in Berlin fast wie daheim in Frankreich, denn niemand spräche dort etwas anderes als Französisch; Deutsch sei nur für die Pferde und die Soldaten da. Ganz ähnliches berichtete Madame de Staël, eine französische Schriftstellerin fünfzig Jahre später zur Zeit Napoleons aus Frankfurt, wo sie ebenfalls mit jedermann in ihrer Muttersprache reden konnte.

So wie es heute durch die Weltsprache Englisch geschieht, exportierte Frankreich damals mit der Sprache noch viele andere Einflüsse in Musik, Mode, Literatur und Kunst, aber auch in Politik und Gesellschaft. Die französische Staatsverwaltung galt trotz mancher Schwächen als die beste in Europa und wurde vielerorts nachgeahmt. Während des Siebenjährigen Krieges, in dem zwei Bündnisse unter preußischer und österreichischer Führung gegeneinander kämpften, war Frankfurt von 1759 bis 1763 von französischen Truppen besetzt. Die auf Seiten Wiens stehenden Franzosen führten eine Reihe von Reformen im Brandschutz und Gesundheitswesen, der Straßenerhaltung und Stadtbeleuchtung durch, die man auch nach ihrem Abzug beibehielt. In dieser Zeit sprach man in „besseren Kreisen" nicht nur Französisch. Man las die Literatur, beschäftigte Musiker, Maler und Architekten aus Frankreich, kleidete sich nach Pariser Mode und stattete seine „gudd Stubb" mit französischen Möbeln aus.

Frankfurt war als Handelsmetropole eines der wichtigsten Importzentren für französische Produkte. Der Kunststil des Rokoko schuf unzählige elegante Artikel des täglichen Bedarfs, mit denen in Frankfurt gehandelt wurde. Berühmt waren beispielsweise Seidenstoffe und -tapeten aus der heutigen Partnerstadt Lyon. Nicht wenige französische Kaufleute ließen sich am Main nieder. Auch wenn der Zweite Weltkrieg viele Bauwerke dieser Zeit zerstört hat, zeugen doch das Holzhausenschlösschen, das Deutschordenshaus am Main oder der Bolongaropalast in Höchst von den Einflüssen in Architektur und Gartengestaltung. Frankfurt war damals eine der bedeutendsten Handelsstädte Europas und stand in einer Linie mit London, Paris und Venedig; auch die Kaiserkrönungen sorgten immer wieder für Anschauungsunterricht in der französisch geprägten Lebensart des Hochadels. Die wohlhabenden Kaufleute konnten sich nicht nur schöne Häuser bauen, sondern sie auch nach herrschendem Geschmack mit Möbeln und Kunstgegenständen ausstatten und sich nach der neuesten Mode kleiden – und die war natürlich französisch. So sorgte das Erscheinen der unbestrittenen Nummer Eins unter den französischen Geistesgrößen natürlich in Frankfurt für einiges Aufsehen.

Mit Voltaire hatte der spätere Preußenkönig Friedrich schon als junger Thronfolger einen Briefwechsel begonnen. Er hatte sich an seinem Hof mit einer Reihe Intellektueller aus Frankreich oder doch französischer Bildung umgeben und sah sich selbst als Philosophen. Darunter verstand man damals allerdings keinen Gelehrten, der im stillen Stübchen über den Sinn der Welt nachdachte. Vielmehr sahen sich die „Philosophen" der Aufklärung als Männer, die mit den Mitteln des Verstandes das für die Menschen Wichtige und Nützliche erkennen und ihm Geltung verschaffen wollten.

Daher wollte sich Friedrich der Gesellschaft des damals bedeutendsten Vertreters der Aufklärung versichern, und so war Voltaire bereits 1740 einer Einladung des damals gerade auf den Thron gelangten Königs zu einem allerdings nur kurzen Besuch in Berlin gefolgt. Zehn Jahre später, im Sommer 1750, war Voltaire bereit, dem Drängen seines königlichen Briefpartners und Bewunderers zu einem längeren Besuch nachzugeben. Er wurde mit größten Ehren empfangen, erhielt einen hohen Amtstitel am Hof und ein ebenso eindrucksvolles Gehalt. Was sich schon bei seinem ersten Besuch abgezeichnet hatte, trübte auch hier bald das Verhältnis zwischen dem Intellektuellen und seinem fast zwanzig Jahre jüngeren Gastgeber. Konnte ihm der König illegale Geldgeschäfte noch verzeihen, belastete eine in aller Schärfe öffentlich ausgetragene Kontroverse mit einem anderen – ebenfalls aus Frankreich stammenden – hohen Beamten diese Freundschaft schwer. Sie zerbrach, als der scharfzüngige Voltaire auch Friedrich selbst mit seinen satirisch-boshaften Lästereien nicht verschonte, und lächerlich gemacht zu werden, das konnte sich ein Herrscher nun doch nicht bieten lassen. Voltaire hielt es dann für geraten, Berlin im Frühjahr 1753 zu verlassen, und Friedrich hatte auch nichts dagegen. Allerdings verlangte er, Voltaire möge die Gegenstände und Abzeichen zurückgeben, die ihn als hohen Würdenträger auswiesen. Vor allem war Friedrich II. um vertrauliche Schriftstücke besorgt und darunter in erster Linie um einen Band unveröffentlichter Gedichte, in denen er sich spöttisch über andere Könige und hohe Politiker Europas ausgelassen hatte. Friedrich fürchtete völlig zu Recht, dass Voltaire brisante Stellen aus diesen Texten öffentlich bekannt machen und dem Preußenkönig und seinem Land dadurch schweren internationalen Schaden zufügen würde. Er sorgte also dafür, dass an den Stationen, die Voltaire auf seinem Rückweg passieren musste, preußische Beamte ihm diese gegen ausdrückliche Weisung mitgenommenen Unterlagen abnehmen sollten.

Eine dieser Stationen war Frankfurt, das Voltaire am 31. Mai erreichte. Die Stadt war damals als Reichsstadt ein eigener Staat, der nur dem Kaiser Gehorsam schuldete, nicht aber dem König von Preußen. Dennoch waren die Einzelstaaten des Deutschen Reiches verpflichtet, einander in Rechtsangelegenheiten gegenseitig zu unterstützen. Dafür zu sorgen hatte der preußische Gesandte Franz von Freytag, der als Diplomat Preußen beim Rat der Stadt vertrat. Freytag wurde von Voltaires Eintreffen informiert und suchte ihn am nächsten Tage im Gasthof „Zum Goldenen Löwen" auf, einem der besten Hotels der Stadt in der Fahrgasse. Dort kann man das Wirtshausschild, ein Relief mit einem mächtigen sandsteinernen Löwen, noch heute an einem Haus nahe der Kreuzung zur Braubachstraße sehen. Der Resident durchsuchte das Gepäck, konnte aber vor allem den Gedichtband nicht finden – er steckte in einer Kiste, die noch mit der Post unterwegs war. Daher ließ Freytag den Franzosen unter Hausarrest stellen, bis die Fracht ankommen sollte.

Viele Frankfurter nutzten die Gelegenheit, dem prominenten Gast Besuche abzustatten, darunter auch der bekannte Jurist Johann Erasmus von Senckenberg, ein Bruder des Begründers der Dr. Senckenbergischen Stiftung. Der fromme Arzt selbst lehnte eine Begegnung mit einem Manne ab, der Religion und Kirche mit beißendem Hohn und Spott überzog. Der Anwalt jedoch, der ständig politische Querelen und Rechtsstreitigkeiten mit dem Rat ausfocht und als scharfer Kritiker der politischen Verhältnisse in Frankfurt galt, wurde zum wichtigsten Gesprächspartner und schließlich Rechtsbeistand des Philosophen. Dieser nämlich bekam am 17. Juni seine Kiste aus Leipzig. Anstatt nun das tatsächlich darin befindliche Buch entgegenzunehmen und Voltaire seines Weges ziehen zu lassen, wollte Freytag noch die Post mit den neusten Weisungen aus Berlin abwarten. Eine weitere Verlängerung seines Arrests wollte Voltaire jedoch nicht hinnehmen und unternahm am 20. Juni zusammen mit seinem Sekretär einen Fluchtversuch. Die beiden Männer kletterten über eine Gartenmauer, bestiegen unerkannt eine Kutsche nach Mainz und wurden erst in letzter Sekunde am Bockenheimer Tor gestoppt.

Der alarmierte Gesandte von Freytag ließ den Philosophen nun regelrecht verhaften und in einem anderen, von Voltaire als „übelste Spelunke Europas" beschriebenen Gasthof unter Bewachung einsperren. Bis dahin hatte die Frankfurter Stadtregierung von dem Vorgehen der preußischen Beamten offiziell nicht Kenntnis genommen. Mit dem mächtigen Preußenkönig wollte man sich nicht anlegen, und darüber hinaus war die Stadt in ihrer Haltung im Dauerkonflikt zwischen Preußen und dem Wiener Kaiserhof tief gespalten: Während die Mehrheit der Bürgerschaft mit Friedrich sympathisierte, neigte die Mehrheit des Rates eher den Kaiserlichen zu – darunter auch Anwalt Senckenberg. Nun konnte der Rat der Stadt freilich nicht mehr wegschauen, als Frankfurter Stadtmilitär offiziell Voltaire verhaftete und dessen Rechtsbei-

*An der Bockenheimer Warte verhaftet: So wollte Friedrich der Große verhindern, dass sein ehemaliger Freund Voltaire brisante Papiere mit nach Frankreich nahm.*

stand ihm juristische Schützenhilfe gegen die Stadtregierung leistete; außerdem schickte der überaus erboste Schriftsteller wütende Protestbriefe gegen diese „Ostgoten- und Vandalengeschichte" durch ganz Europa, wobei er es freilich mit der Wahrheit auch nicht allzu genau nahm. Tatsache war, dass der preußische Gesandte einerseits seine Befugnisse bei der Verhaftung zwar überschritten hatte, andererseits Bürgermeister von Fichard aber auch keinen offenen Konflikt mit dem Berliner Hof provozieren wollte. Letztlich ärgerte sich Friedrich, dem an so viel öffentlichem Getöse nicht gelegen war, selbst über die „borniere Exaktheit" seines Repräsentanten. Gegenüber dem Rat jedoch deckte er ihn, zumal seine eigenen, nicht ganz klaren Anweisungen und Warnungen vor möglichen Trickserien Voltaires einiges zu der Verwirrung beigetragen hatten. Schließlich hatte ein Mitarbeiter Freytags die Kisten aber dann doch eigenmächtig geöffnet und durchsucht, das Buch auch gefunden und nach Berlin geschickt, und als Friedrich die Freilassung Voltaires anordnete, wurde seine Haft aufgehoben.

Er konnte am 6. Juli 1753 wieder in den „Goldenen Löwen" zurückkehren, von wo aus er, angestachelt von Frankfurter Freunden und juristisch unterstützt von Senckenberg, massive Schadensersatzforderungen gegen die Preußische Gesandtschaft und den Rat der Stadt wegen der Haft und angeblich beschlag-

*So weit ist es nicht gekommen – eine Versöhnung zwischen Voltaire und Friedrich dem Großen fand nicht statt, aber ihren Briefwechsel nahmen beide später wieder auf.*

nahmter Wertsachen vor Gericht durchsetzen wollte. Als zur Rückgabe einiger dieser Gelder ein Sekretär Freytags erschien, brannten Voltaire die Sicherungen durch und er zielte mit seiner Pistole auf ihn. Deswegen wiederum verhaftet und zu einer Geldstrafe verurteilt, zog er es vor, Frankfurt schnellstens zu verlassen. Jahrelang allerdings bemühte er sich noch vergeblich darum, Genugtuung für das erlittene Unrecht zu erlangen. Er dürfte auch seine Hand im Spiel gehabt haben, als französische Besatzungstruppen im Siebenjährigen Krieg Freytag und seinen Sekretär 1759 in Festungshaft nahmen.

Ihren Briefwechsel nahmen König und Philosoph nach einigen Jahren der „Funkstille" später wieder auf; er sollte erst mit dem Tode Voltaires enden. Wie viele seiner Generation blieb der Preußenkönig völlig der französischen Kultur- und Geisteswelt verbunden. Den kulturellen und literarischen Aufbruch in Deutschland hat er nicht wahrgenommen. Noch kurz vor seinem Tod – er starb 1786 – meinte er, es gebe in Deutschland keine großen Schriftsteller. Zu dieser Zeit hatte Goethe längst mit seinem „Werther" das Lebensgefühl der damaligen Jugend geprägt, wurde Schiller für die „Räuber" gefeiert. Es waren indes die französischen Aufklärer und ihre deutschen Anhänger gewesen, die das geistige Klima geschaffen hatten, in dem solche Gedanken veröffentlicht werden konnten. Auch Frankfurts Bürger, die als Kaufleute solche internationalen Kontakte pflegten, ihre Söhne auf Universitäten schickten und sich selbst mit Wissenschaft und Kultur befassten, haben sie genutzt, um den Aufbruch aus mittelalterlichen Traditionen in eine neue Zeit auch in Frankfurt voranzutreiben.

## 1785: Die Geburtsstunde des Frankfurter Luftverkehrs

Heute sind Flugzeuge über dem Himmel Frankfurts ein gewohntes Bild. Der Frankfurter Flughafen ist einer der größten Europas, und viele tausend Menschen werden täglich mit Flugzeugen von und nach Frankfurt transportiert. Das erste Mal aber, dass ein Fluggerät in den Frankfurter Himmel aufstieg, war lange vor der Erfindung der heutigen Flugzeuge. Es war auch eine Premiere in Deutschland, als am 3. Oktober 1785 der Franzose Jean Pierre Blanchard mit seinem Ballon von der Bornheimer Heide aus eine Luftreise nach Weilburg an der Lahn unternahm.

Der Heißluftballon war wenige Jahre zuvor von den Gebrüder Montgolfier erfunden worden. Im November 1783 waren erstmals vor den Augen des französischen Königs zwei mutige Männer damit in die Luft aufgestiegen – nachdem man sich vorher in einem Tierversuch davon überzeugt hatte, dass dies auch unschädlich ist. Berühmt für seine Abenteuer mit dem neuen Fluggerät wurde aber Jean Pierre Blanchard. Er war ein Abenteurer und ein Geschäftsmann, und er war Scherzen auf Kosten seiner Mitmenschen nicht abgeneigt. Er berichtet selbst, dass er einmal bei einem Ballonaufstieg über ein Waldstück geflogen sei, wo er eine Mutter mit ihrer Tochter entlanggehen sah. Er zog seine Schnabelflöte aus dem Rock und fing an, darauf zu spielen. Verwundert schauten sich Mutter und Tochter um, konnten aber den Ursprung der Töne nicht entdecken. Als sie nach oben schauten und den Ballon sahen, rannten sie voller Schreck aus dem Wald. Blanchard wird seinen Spaß dabei gehabt haben.

Der Durchbruch zu europäischer Berühmtheit gelang ihm, als er im Januar 1785 erstmals in einem Ballon den Ärmelkanal überflog. Mit seinem Gefährten John Jeffries war er von Dover aus gestartet und schließlich in einem Waldstück in der Provinz Artois gelandet. Nicht ohne erhebliche Schwierigkeiten, denn die beiden Ballonfahrer hatten, um nicht in den Ärmelkanal zu stürzen, allen Ballast abwerfen müssen, den sie bei sich trugen. Den erstaunten französischen Bauern, die die beiden Ballonfahrer in Frankreich begrüßten, bot sich denn auch ein nicht alltägliches Bild: Beide waren völlig durchgefroren, denn sie hatten auch ihre Kleidung bis auf die Unterwäsche abwerfen müssen.

Nun, als berühmter Mann, veranstaltete er Ballonaufstiege gegen Bezahlung. Wie sehr er die Gunst der Stunde zu nutzen wusste, zeigt ein Dokument aus dem Jahr 1788. Als er in diesem Jahr nach Braunschweig kam, wurde er mit einer kleinen Druckschrift begrüßt, die den Titel „Vivat Blanchard!" trug. Es enthielt ein pathetisches Gedicht, dass mit den Worten endete: „Bald wird er hier aufwärts fliegen/ Zahlt das Schaugeld mit Vergnügen,/ Dass er mutig segeln kann!" Er war also der erste kommerzielle Luftfahrtunternehmer. Und Kasse machen wollte er auch, als er im Herbst 1785 nach Frankfurt kam.

Anlässlich der Herbstmesse sollte als besondere Attraktion Blanchards Ballonaufstieg vorgeführt werden. Aber schon der Auftakt misslang. Am festgesetzten Tag, dem 25. September, musste die Attraktion wegen eines heftigen Sturms abgesagt werden. Zwei Tage später der nächste Versuch. Mit im Ballon saßen Prinz Ludwig Friedrich von Hessen-Darmstadt und ein Herr Schweizer, Offizier des Dragoner-Regiments Schomberg. Doch aus dem Aufstieg wurde erneut nichts. Kräftige Windstürme zerrissen den Ballon noch am Boden. Das war zu viel für Blanchard – er fiel in Ohnmacht. Einige Tage darauf, am 3. Oktober, ein erneuter Versuch, diesmal von der Bornheimer Heide aus. Wegen des vorausgegangenen Unglücks konnte der Ballon nur zu zwei Dritteln gefüllt werden und neben Blanchard keine weiteren Passagiere aufnehmen. Dafür nahm er 40 Pfund Ballast, eine Flasche sehr guten Wein, zwei Milchbrötchen und seinen Hund mit auf die Reise.

Schnell stieg der Ballon nach oben, vor den Augen vieler tausend Menschen. Als er etwa 700 Meter hoch war, ließ er über dem Bockenheimer Feld seinen Hund an einem Fallschirm langsam nach unten schweben. Blanchard behauptete, auch der Erfinder des Fallschirms zu sein. Wie dem auch sei, wenige Wochen später musste er bei einem anderen Flugversuch aus seinem Ballon abspringen und konnte sich persönlich davon überzeugen, wie sinnvoll ein solcher Fallschirm in der Luftfahrt sein konnte.

Um 10:36 Uhr war Blanchard gestartet, 39 Minuten später war er in Weilburg angekommen. Eine beachtliche Geschwindigkeit, denn noch heute braucht man mit dem Auto eine

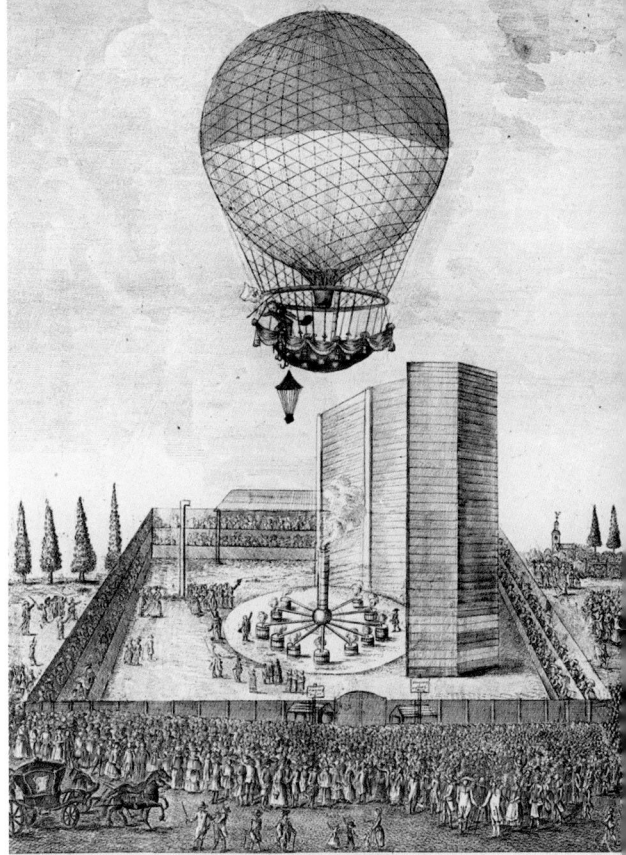

*Von Frankfurt nach Weilburg mit dem Ballon: Der Franzose Jean Pierre Blanchard unternahm diese Reise 1785 von der Bornheimer Heide aus.*

gute dreiviertel Stunde für diese Strecke. Die Landung verlief nicht ohne Probleme. Zweimal warf er den Anker, und zweimal wurde der Anker von wohlmeinenden Menschen wieder losgelöst, die weder Blanchards französische Befehle noch seine anschließenden Beschimpfungen verstanden. Schließlich aber warf er Anker in der Lahn und wurde wohl behalten nach Weilburg geleitet.

Am nächsten Tag war er wieder in Frankfurt. Dort wurde er im Triumph empfangen. Im Schauspielhaus, so berichtet er, wurde er mit Musik und freundlichem Beifall begrüßt. Der Vorhang wurde aufgezogen, so fährt er fort, „und zwei als Grazien gekleidete Actricen (Schauspielerinnen) krönten unter einigen auf diese Gelegenheit verfertigten Versen meine Büste, die sich mitten auf dem Theater erhaben zeigte." Einen Tag darauf war er von „50 ansehnlichen Personen" in den Gasthof zum Römischen Kaiser geladen. Es muss eine begüterte Gesellschaft gewesen sein, denn Blanchard berichtet: „Jeder belustigte sich damit, unter das auf der Straße in großer Menge versammelte Volk, das die Gas-

*Als der Ballon etwa 700 Meter hoch war, ließ Blanchard über dem Bockenheimer Feld seinen Hund an einem Fallschirm nach unten schweben.*

sen versperrte, von dem Balkon herab und aus den Fenstern Geld auszuwerfen; kurz, das Fest war vollkommen." Die Kasse stimmte wohl ebenfalls: Blanchard erhielt 50 doppelte Krönungsdukaten.

Am 10. Oktober verließ Blanchard Frankfurt. Er führte weiter seine Ballonfahrten durch, in Europa, schließlich auch als erster Ballonfahrer in den Vereinigten Staaten. Er starb 1809 an Bord seines Ballons – an einem Herzinfarkt. Nach Frankfurt ist er selbst nicht wieder zurückgekehrt. Aber seine junge Frau, die er 1804 geheiratet hatte, trat in seine Fußstapfen. Sie wurde eine berühmte, wie man damals sagte, Aeronautin und trat ein Jahr nach Blanchards Tod in Frankfurt auf, allerdings nicht mit dem großen Erfolg ihres Mannes.

Einhundert Jahre nach Blanchards Tod fand in Frankfurt am Main die erste Internationale Luftfahrtausstellung statt.

*100 Jahre nach Blanchards Tod besuchten mehr als eine Million Menschen Frankfurt zur Internationalen Luftfahrtausstellung 1909.*

Zwischen Juli und Oktober 1909 besuchten beinahe eineinhalb Millionen Menschen die Ausstellung. Was gab es alles zu sehen: Die neuen Flugzeuge, wie sie erstmals von den Gebrüdern Wright entwickelt worden waren, Zeppeline, Ballons. An Ballons hatten sich die Frankfurter schon gewöhnt, denn die Stadt hatte viele weitere Aufstiege miterleben können. Und auch eine Frankfurterin hat sich damit einen Namen gemacht: Käthchen Paulus, die seit den neunziger Jahren des 19. Jahrhunderts immer wieder Ballonfahrten unternahm und sie bisweilen mit Fallschirmabsprüngen krönte. Sie hat das bis 1914 fortgesetzt.

Die Flugzeuge, die 1909 ausgestellt wurden, steckten noch in den Kinderschuhen. Zu mehr als einer Platzrunde auf dem Flugfeld waren sie damals noch nicht fähig. Aber die neue Technik entwickelte sich schnell weiter. Bereits 1912 wurde am Rebstock das erste Flugfeld in Frankfurt eröffnet. Bald schon erwies es sich als zu klein. 1930 beschloss der Frankfurter Magistrat, einen größeren Flughafen im Süden der Stadt zu bauen, dort wo auch der heutige Standort ist. 1936 wurde er eingeweiht und ist seither immer weiter gewachsen. 1950 hatte der Flughafen knapp 200.000 Passagiere zu verzeichnen, fünfzig Jahre später waren es knapp 50 Millionen. Aus dem Spektakel des Fliegens bei Blanchard ist längst Alltag geworden. Für manchen ist ein lästiger, lauter Alltag, aber kaum jemand vermag sich das Fliegen heute noch aus unserem Leben wegzudenken.

In der Stadt Frankfurt selbst sind kaum noch Spuren des ersten Frankfurter Flugversuchs zu sehen. Lediglich eine kleine Straße in Bockenheim erinnert an Jean Pierre Blanchard, wohl nicht unweit von der Stelle, wo sein Hund mit dem Fallschirm gelandet ist.


## 1848: Das Regenschirmattentat

Im Historischen Museum der Stadt Frankfurt ist ein auf den ersten Blick merkwürdiger Gegenstand zu finden: Ein alter, mit Leinwand bespannter dunkler Regenschirm, dessen Holzgriff abgebrochen ist. Es ist der Regenschirm von Henriette Zobel, einer Frau, die durch eine Verkettung von Umständen zu einer kurzen und traurigen Berühmtheit gelangte. Ihr Regenschirm hat nämlich eine wichtige Rolle in einem dunklen Kapitel in der Geschichte Frankfurts im 19. Jahrhundert gespielt: Der Ermordung des Generals Adolph von Auerswald und des Fürsten Felix von Lichnowsky am 18. September 1848.

Das Jahr 1848 war ein Jahr der Umbrüche, in Deutschland und Europa. Durch ganz Deutschland war eine revolutionäre Unruhe gegangen. Demokratie und die Vereinigung Deutschlands standen auf der Tagesordnung. Eine Nationalversammlung wurde gewählt und tagte ab Mai 1848 in der Frankfurter Paulskirche. Sie sollte eine Verfassung für Deutschland erarbeiten und die deutsche Einheit vorbereiten.

Die Erwartungen an die Nationalversammlung waren hoch. Viele Jahre schon hatte die Unzufriedenheit mit der bestehenden politischen Situation gegärt. Nun sollte der große Wurf gelingen: Der Abschied von der Kleinstaaterei in Deutschland, von den obrigkeitsstaatlichen und undemokratischen Strukturen. Die Abgeordneten kamen aus allen Teilen Deutschlands und berieten mit großem Ernst. Auf der Galerie der Paulskirche waren Zuschauer zugelassen; auch Frauen, und das war neu, durften den Diskussionen folgen. Henriette Zobel jedenfalls hat von dieser Möglichkeit ausgiebig Gebrauch gemacht.

Henriette wurde 1813 in Oberrad geboren. Seit 1839 war sie in zweiter Ehe mit dem Lithographen Karl Zobel verheiratet. Das Paar war kinderlos und wohnte in Seckbach. Henriette wird allgemein als lebenslustig bezeichnet. Auch sei, wie ihre Lehrer hervorhoben, Sanftmut ein hervorstechender Zug ihres Charakters gewesen. Diese Sanftmut muss sie allerdings in den Septembertagen des Jahres 1848 vollständig verlassen haben.

Im Parlament wird im September 1848 heftig über eine Frage diskutiert: Wie die Nationalversammlung sich zum Waffenstillstand Preußens mit Dänemark verhalten solle. Zwischen Preußen und Dänemark war es zu einem bewaffneten Konflikt über die Zukunft der Herzogtümer Schleswig und Holstein gekommen. Im Strudel der revolutionären Ereignisse des Jahres 1848 hatte sich in Kiel eine neue Regierung gebildet, die, ausgelöst durch einen Streit um die Vererbung des Herzogtitels, die Ablösung von Schleswig und Holstein von Dänemark anstrebte. Diese Regierung wurde von der Mehrheit der Paulskirche unterstützt, und auch die militärische Intervention preußischer Truppen zugunsten der neuen Regierung wurde begrüßt. England, Russland und Frankreich aber setzten den Waffenstillstand von Malmö durch. Die preußischen Truppen mussten wieder abziehen, die Regierung in Kiel wurde aufgelöst.

Für viele in Deutschland und auch viele Abgeordnete der Frankfurter Paulskirche war dies ein unerhörter Vorgang. Sie hatten sich die Sache der Schleswig-Holsteiner zu Eigen gemacht. Die Unabhängigkeit der Herzogtümer von Dänemark war eine nationale Aufgabe, ja eine Verpflichtung gegenüber den Deutschen in Schleswig und Holstein! Und nun hatte Preußen klein beigegeben. Wie sollte sich die Nationalversammlung dazu verhalten?

Im Parlament kam es zu tumultartigen Szenen. Die Vertreter der Rechten wollten den Waffenstillstand annehmen, weil dadurch ein europäischer Krieg vermieden werde. Und die Vertreter der Linken sahen darin einen Verrat an Deutschland und lehnten den Waffenstillstand kategorisch ab. Zu einem der prominentesten Befürworter des Waffenstillstands gehörte Felix von Lichnowsky.

Lichnowsky war damals 34 Jahre alt, weltgewandt, von schneidender Intelligenz und ebensolcher Arroganz. Er war der Liebling der adeligen Damenwelt, ein bekannter Kriegsheld und ein glänzender Redner, eine elegante Erscheinung. Durch seine bisweilen verletzende Art, mit der er dem politischen Gegner seine Geringschätzung zeigte, war Lichnowsky bei den radikalen und linken Kräften in der Paulskirche geradezu verhasst. Häufig war er auch Zielscheibe von radikalen Blättern und Abbildungen, sodass er das Feindbild des antidemokratischen Reaktionärs geradezu ideal verkörperte.

Die Frage des Waffenstillstands von Malmö bewegt die Gemüter aber nicht nur in der Paulskirche. Als die Nationalversammlung nach dreitägigen Debat-

*Auf die Barrikaden! – Viele Menschen wehrten sich dagegen, dass die Mehrheit der Abgeordneten einem Vertrag zugestimmt hatte, in dessen Folge die von Deutschen bewohnten Herzogtümer Schleswig und Holstein weiter zu Dänemark gehören sollten.*

ten den Waffenstillstand schließlich akzeptiert, bricht sich der Unmut Bahn. Auf der Pfingstweide in Bornheim kommen mehr als zehntausend Menschen zu einer Kundgebung zusammen. Die radikalen Forderungen überschlagen sich: Neuwahlen, Auflösung der Nationalversammlung, und alle Abgeordneten, die dem Waffenstillstand zugestimmt haben, sollen als Volksverräter behandelt werden. Der Frankfurter Senat fordert Truppen an, um die Nationalversammlung zu schützen. Einen Tag darauf kommt es nach einem Zwischenfall vor der Paulskirche zu Straßenkämpfen. Barrikaden werden gebaut, es wird geschossen.

In dieser Situation entschließt sich Lichnowsky am frühen Nachmittag des 18. September dazu, aus der Stadt zu reiten. Der Grund dafür ist nicht ganz klar. Wollte er die erwartete württembergische Artillerie begrüßen? Oder wollte er die Lage erkunden? General von Auerswald schließt sich ihm an. Sie werden von bewaffneten Haufen erkannt und abgedrängt. Sie suchen Zuflucht in einer

Gartenanlage an der Bornheimer Heide, werden aber entdeckt, aus ihren Verstecken gezerrt, misshandelt, geschlagen und erschossen.

Auch Henriette Zobel war bei diesen Morden dabei. Augenzeugen berichten, sie habe mit ihrem Regenschirm „unter wildem Geschrei" auf General von Auerswald eingeprügelt und ihn als Spitzbuben und Volksverräter beschimpft. Mehrfach habe sie dabei auch gerufen, man solle Auerswald und Lichnowsky umbringen. Bei diesen Attacken habe sie dann auch den Regenschirm entzweigeschlagen.

In der Stadt toben noch die Barrikadenkämpfe, aber das Militär gewinnt langsam die Überhand. Am Ende des Tages bricht der Widerstand zusammen. Es gab viele Tote sowohl bei den Soldaten als auch bei den Aufständischen, dazu Lichnowsky und Auerswald. Die Nachricht von der Ermordung der beiden Parlamentarier geht wie in Lauffeuer durch Deutschland. Das war doch nicht die Demokratie, die man haben wollte! Der alte Dichter Ernst Moritz Arndt, einer der geistigen Väter der Nationalidee und selbst Angeordneter in der Paulskirche, schreibt in einer „Klage um Auerswald und Lichnowsky" von blutwilden Horden, die „Brand, Mord und Zeter schrein/ und frech in Meuchelmorden/ der Freiheit Glanz entweihen." Wo blieben Sicherheit und Ordnung? Wer konnte sich da seines Lebens überhaupt noch sicher sein? Und vor allem: Was

Die Ermordung Lichnowsky's.

*Die aufgebrachte Menschenmenge erkannte zwei Abgeordnete der Rechten und brachte sie um.*

konnte Menschen bewegen, auf solch grausame Weise andere Menschen umzubringen, nur weil sie politisch anderer Meinung waren?

Henriette Zobel wird wenige Tage nach den Morden verhaftet. Nach anfänglichem Leugnen und konfrontiert mit vielen Zeugenaussagen gibt sie ihre Beteiligung zu. Sie wird zu sechzehn Jahren Zuchthaus verurteilt. Nicht wegen Mord – Auerswald und Lichnowsky waren erschossen worden –, aber doch wegen ihrer aktiven Beteiligung daran. Sie sei „vom Strudel der Ereignisse ins Verderben gerissen worden", klagt sie. Und in der Tat ist es schwierig nachzuvollziehen, wie aus sonst friedlichen Menschen solch hasserfüllte Fanatiker werden konnten. Christian Reinhold Köstlin, dem wir eine genaue Schilderung der Ereignisse aufgrund der Gerichtsakten verdanken, sah dies in einem Mangel an Bildung begründet, vor allem an Charakterbildung, die es verstehe, Freiheit und Selbstbeschränkung miteinander zu verbinden. Pfarrer von Ketteler machte in seiner Leichenrede jene für den Mord verantwortlich, die das Volk „von Umsturz zu Umsturz hinreißen" und die dem Volk „den Glauben nehmen dass es die Pflicht des Menschen sei, sich selbst zu beherrschen." Welche Erklärung man immer auch heranziehen mag: Mit dem normalen Verhalten der Menschen ist die Tat nicht zu erklären, die Beteiligten waren in des Wortes Bedeutung „außer sich". Henriette Zobel war sicherlich nicht die Vorkämpferin für Demokratie und Freiheit, als die sie manchmal hingestellt worden ist. Sie war zwar politisch interessiert und engagiert, aber keine Täterin aus politischer Überzeugung.

Die Morde in der Bornheimer Heide haben die Stimmung in Deutschland verändert; politisch bewegt haben sie nichts. Die Nationalversammlung tagte bis zu ihrer Auflösung 1849 weiter in Frankfurt. Als Henriette Zobel 1865 aus dem Gefängnis entlassen wurde, hatte sich die Situation grundlegend geändert. Die demokratischen Ideale von 1848 waren endgültig zerstoben. Ein Jahr zuvor war durch den Deutsch-Dänischen Krieg das Problem mit den Herzogtümern Schleswig und Holstein endgültig zugunsten von Preußen gelöst worden. Und der preußische Ministerpräsident Otto von Bismarck, altersmäßig aus der gleichen Generation wie Henriette Zobel und Fürst von Lichnowsky, schickte sich nun an, Deutschland zu einen: Nicht mit Reden und Beschlüssen, was schon der Frankfurter Nationalversammlung nicht gelungen war, sondern mit Blut und Eisen, mit Krieg und Waffen also – weder wollte Österreich seine Führungsrolle in Deutschland kampflos aufgeben, noch Frankreich den Machtzuwachs eines geeinten Nachbarn jenseits des Rheins tatenlos hinnehmen. Es sollte ein Deutsches Reich werden, in dem Sicherheit und Ordnung groß geschrieben wurden. Mit den Ideen von 1848 hatte das nur noch wenig zu tun. Was die unglückliche Henriette Zobel darüber gedacht hat, wissen wir nicht; ihre Spur verliert sich im Dunkel der Geschichte.

# 1866: Der Ältere Bürgermeister Frankfurts begeht Selbstmord

Die Frankfurter Nachrichten vom 25. Juli 1866 meldeten es nicht an erster Stelle, sondern eher unscheinbar: dass in der vergangenen Nacht der bisherige Ältere Bürgermeister Carl Fellner eines „plötzlichen Todes" gestorben sei. Aber mittlerweile hatte es sich schon in ganz Frankfurt herumgesprochen: Der Bürgermeister hatte Selbstmord begangen wegen der Folgen der Besetzung Frankfurts durch preußische Truppen.

Hier muss man ein wenig innehalten und die politische Lage der damaligen Zeit genauer betrachten. Deutschland war zu jener Zeit kein Staat wie heute. Es bestand aus vielen Einzelstaaten: Königreichen, Herzogtümern, Fürsten-, und Kurfürstentümern sowie Freien Städten. Die Revolution von 1848 hatte versucht, diesen Zustand zu beenden und ein einiges Deutschland herzustellen, und zwar mit einer demokratischen Regierung. Das war gescheitert. Der Deutsche Bund wurde wieder ins Leben gerufen und bildete eine Art Abstimmungsinstanz über die gemeinsamen Fragen der deutschen Staaten. Darüber hinaus spielte er eine Rolle bei der Zurückdrängung demokratischer Ideen; die im Bund vertretenen Könige, Fürsten, Kurfürsten und Herzöge sahen wohl nicht zu Unrecht in der Demokratie eine Gefahr für ihre eigenen Positionen und Vorrechte. Sitz der Gesandten des Deutschen Bundes war, wie schon vor 1848, Frankfurt am Main.

Nach 1848 war der Deutsche Bund zunehmend von den Konflikten der beiden größten Mitglieder dominiert: Preußen und Österreich. Und an diesen Konflikten ist er schließlich zerbrochen. Deutschland staatlich zu einigen, wie es die Revolution von 1848 gewollt hatte, war immer noch eine populäre Forderung. Aber es konnte eben nur einen Herren in Deutschland geben, und die Preußen waren davon überzeugt, dass sie dazu bestimmt waren. Vor allem ein Mann hat diese Politik geprägt und be-

*Karl Konstanz Viktor Fellner war Senator und letzter Bürgermeister der Freien Stadt.*

stimmt wie kein Zweiter: Otto von Bismarck. Er war Gesandter Preußens beim Deutschen Bund, kannte also Frankfurt recht gut. 1862 wurde er preußischer Ministerpräsident. Er war entschlossen, die Situation im Deutschen Bund zugunsten Berlins zu entscheiden. Die Möglichkeit dafür bot sich 1866. Im Deutschen Bund kam es zu einem heftigen Streit, in dessen Verlauf sich Frankfurt auf die Seite Österreichs stellte. Der Deutsche Bund beschloss mehrheitlich die Mobilisierung gegen Preußen. Bismarck betrachtete dies als eine Kriegserklärung; preußische Truppen rückten am 16. Juni 1866 in Sachsen, Hannover und Kurhessen ein. Nach etwas mehr als zwei Wochen war die Auseinandersetzung entschieden. Österreich verlor die Schlacht bei Königgrätz und wurde im nachfolgenden Friedensvertrag aus Deutschland herausgedrängt. Damit hatte der Deutsche Bund formell aufgehört zu existieren.

Nur wenig später, am 16. Juli 1866, marschieren die preußischen Truppen in Frankfurt ein. Frankfurt hatte sich an dem Krieg nicht beteiligt, aber dennoch verhalten sich die preußischen Befehlshaber wie in einer feindlichen Stadt. Soldaten und Offiziere werden zwangsweise bei Frankfurter Bürgern einquartiert. Genaue Vorschriften werden erlassen, wie die Soldaten und Offiziere zu verköstigen sind – selbstverständlich auf Kosten der Frankfurter. Wenige Tage später fordert der städtische Befehlshaber, General Manteuffel, 25 Millionen Gulden von der Stadt als Kontribution. Eine riesige Summe! Gerüchte gehen durch die Stadt: Es seien Plünderungen beabsichtigt, wenn man nicht bezahle.

*Preußen betrachtete Frankfurt als Feind: Am 16. Juli 1866 besetzten preußische Soldaten die Stadt.*

Das stimmte zwar nicht, aber in einer aufgeheizten Stimmung wird solchen Gerüchten gern Glauben geschenkt.

Die Stadt kann so eine gewaltige Summe nicht aufbringen und bittet um Aufschub. Das verschlimmert aber die Situation nur, weil die preußische Besatzungsmacht darin einen Akt der Rebellion sieht. Sie verlangt von dem Älteren Bürgermeister Fellner eine Liste der Mitglieder der städtischen Körperschaften und die Offenlegung ihrer Besitzverhältnisse. Sie sollen, so die Drohung, besonders mit Einquartierungen belastet werden. Fellner hatte versucht, zu vermitteln, sieht sich aber nun zwischen allen Fronten. Wenige Stunden bevor er die Liste abgeben muss, erhängt er sich im Garten seines Wohnhauses, am Morgen seines Geburtstages.

Die Beerdigung muss auf Befehl der Militärverwaltung nicht zur üblichen Zeit um 9 Uhr, sondern um 5 Uhr in der Frühe stattfinden. Es war ebenfalls untersagt worden, die Uhrzeit der Beerdigung bekannt zu geben. Und der Familie Fellner wurde angedroht, dass sie für alle Ruhestörungen oder Demonstrationen bei der Beerdigung haftbar gemacht werde. Aber der vorgezogene Termin der Beerdigung hatte sich in der Stadt rumgesprochen. Viele tausend Frankfurter folgen dem Sarg zu der frühen Stunde, ohne den Besatzern aber einen Grund zu erneuten Strafmaßnahmen zu geben.

Fellners Tod war dramatischer Höhepunkt und Wende der preußischen Besatzung. Die öffentliche Meinung in Deutschland und über Deutschland hin-

*Eine Kundgebung in den frühen Morgenstunden: Tausende Frankfurter folgten dem Sarg von Bürgermeister Fellner, der wegen der Folgen der Besetzung Selbstmord beging.*

aus zeigte sich entsetzt. Eine Rolle bei der Neuausrichtung der Besatzungspolitik spielte wohl auch, dass in den Friedensverhandlungen nun die Einverleibung Frankfurts durch Preußen beschlossen wurde. Frankfurt sollte also preußisch werden, und es wäre ein schlechter Start, die neuen Untertanen mit horrenden Geldzahlungen zu belasten. Die Militärbefehlshaber wurden bald durch Zivilgouverneure ersetzt. Am 8. Oktober 1866 fand die offizielle Feier der Annexion Frankfurts im Römer statt. Die anwesenden Frankfurter verhielten sich ähnlich ruhig wie bei der Beerdigung Fellners. Es war in gewisser Weise auch eine Beerdigung. Viele hundert Jahre war Frankfurt eine Reichsstadt und Freie Stadt, also quasi ein eigener Staat, nun war sie eine preußische Provinzstadt im Regierungsbezirk Wiesbaden und der Provinz Hessen-Nassau mit der Hauptstadt Kassel. Die Frankfurter waren nun, wie es noch lange hieß, „Muss-Preußen" geworden.

Die Abneigung gegen die Preußen und den neuen Status hielt an. In der Damenmode wurden die Stadtfarben weiß und rot aktuell, und viele Einladungen zu gesellschaftlichen Anlässen trugen den Zusatz: „o.P.", also: ohne Preußen. Erst langsam hat sich das Verhältnis entspannt. Dazu trug sicherlich bei, dass fünf Jahre später, im Jahr 1871, das Deutsche Reich gegründet und Frankfurt damit in eine neue staatliche Struktur übergeleitet wurde. Aber auch der preußische König und spätere deutsche Kaiser Wilhelm I. ließ es an Gunstbeweisen für die Stadt nicht fehlen. So steuerte er nach dem Dombrand 1867 erhebliche Mittel für den Wiederaufbau bei und er half der Stadt auch in der Auseinandersetzung um Vermögensstreitigkeiten mit Preußen. Im neuen Deutschen Reich prosperierte Frankfurt, und auch dies mag ein wenig die Stimmung aufgehellt haben. Richtige Freunde sind die Frankfurter und die Preußen nie geworden. Dagegen stand schon die Erinnerung an das Schicksal des Älteren Bürgermeisters Fellner, der aus dem Leben schied, weil er „den Verlust der städtischen Freiheit nicht ertragen konnte." So jedenfalls lautete die Inschrift auf einem Gedenkstein, der wohl treffend die Stimmung in Frankfurt wiedergegeben hat.


## 1901: Der Prellbock konnte sie nicht halten


Es muss einen fürchterlichen Knall gegeben haben an jenem Nikolaustag des Jahres 1901 um 5 Uhr morgens. Der Orientexpress von Ostende nach Wien war schon gut 90 Minuten zu spät, als er ungebremst in den Frankfurter Hauptbahnhof einfuhr. Er durchbrach die Sperren, und die Lok alleine riss ein zehnmal zwölf Meter großes Loch in die gegenüber liegende Mauer. Im dahinter liegenden Wartesaal erster und zweiter Klasse kam sie dann zum Stehen. Wie durch ein Wunder wurde keiner verletzt.

Für den 1888 eingeweihten neuen Frankfurter Hauptbahnhof war dies nicht der erste Unfall. Schon am ersten Tag des Betriebs im neuen Bahnhof hatte es ein ähnliches, bei weitem aber nicht so dramatisches Unglück gegeben. Aber solche Unfälle konnten die Begeisterung über das Verkehrsmittel Bahn nicht bremsen. Das merkte man auch, wenn man sich die neuen Bahnhöfe anschaute. Sie wurden Kathedralen der neuen Zeit genannt, und so sahen sie auch aus: wie überdimensionierte Kathedralen, in denen stolz der Geist dieser neuen Zeit gefeiert wurde.

Bevor die erste Eisenbahn in Deutschland fuhr – zwischen Nürnberg und Fürth 1835 –, hatte die Nachricht über das neue Verkehrsmittel schon große Erwartungen ausgelöst. Einige verglichen die Erfindung der Eisenbahn mit der Erfindung des Buchdrucks. So wie der Druck den geistigen Verkehr gefördert hatte, sollte die Eisenbahn nun den Verkehr der Personen und Güter befördern. Die Hoffnungen waren beträchtlich, so auch in Frankfurt am Main. Das zeigte sich, als ihre erste Bahn geplant wurde, die Taunusbahn von Frankfurt nach Wiesbaden. Sie sollte durch die Bürger selbst finanziert werden mit Hilfe von Aktien. Man versprach sich zunächst eine Einnahme von 500.000 Gulden – in wenigen Tagen brachte man aber 21 Millionen Gulden zusammen! Die Erwartung war groß, dass das neue Verkehrsmittel nicht nur praktisch sein würde, sondern dass sich damit auch viel Geld verdienen lassen könnte.

Diese Erwartung hat die Anleger nicht getrogen. Die Eisenbahn führte zu einer nie für möglich gehaltenen Ausweitung des Reisens. Vorbei waren die Zeiten, in denen Reisende nur langsam und unbequem mit Postkutschen unterwegs waren. Einige Zahlen machen das deutlich. 1838 beförderte die Postkutsche 27.500 Reisende von Frankfurt nach Mainz. Die Bahn transportierte fünf Jahre später auf der gleichen Strecke 745.000 Reisende. Ein ähnliches Bild ergibt sich für die Strecke nach Heidelberg. Die Postkutsche brachte es 1845 auf 36.500 Reisende, die Rhein-Neckar-Eisenbahn verbuchte 1847 auf der gleichen Strecke 770.000 Passagiere.

Das Reisen mit der Bahn war aber durchaus nicht unumstritten. Durch die hohe Geschwindigkeit, mit der die Landschaft an den Menschen vorbeirase, könnten die Passagiere ohnmächtig werden, befürchteten einige. Andere waren besorgt wegen der Unfallgefahr. Neben den mächtigen stampfenden und schnaubenden Lokomotiven nahmen sich die Menschen klein und verletzlich aus. Und es war ja auch richtig: Die Geschichte der Eisenbahn war

*Kein alltäglicher Anblick: Der Orientexpress im Wartesaal des Hauptbahnhofs am 6. Dezember 1901.*

immer wieder von kleinen und großen Unglücksfällen begleitet, und nicht alle liefen so glimpflich ab wie das unfreiwillige Parken des Orientexpresses im Wartesaal des Frankfurter Hauptbahnhofs. Frankfurt ist zwar von größeren Katastrophen verschont geblieben, doch machten schon in der Umgebung größere und kleinere Unglücke von sich reden. So kamen 1884 bei einem Auffahrunfall in Hanau 22 Menschen ums Leben, sechzehn Jahre später starben 12 Menschen bei einem ähnlichen Unglück zwischen Offenbach und Hanau.

Die Zeichen der Zeit begünstigten aber die Ausbreitung der Eisenbahn. Sie hat sich als segensreich erwiesen für die Industrialisierung Deutschlands und den wirtschaftlichen Aufschwung, den das Land im 19. Jahrhundert nahm. Waren und Güter konnten schnell und billig transportiert werden, und zwar unabhängig von den Wetterbedingungen. Und was Goethe schon vermutet hatte, schaffte die Eisenbahn auch: Sie half, die Kleinstaaterei zu überwinden und bereitete die Vereinigung Deutschlands 1871 mit vor. Schließlich hatte die Eisenbahn auch einen militärischen Nutzen. Auf den bestehenden Schienenverbindungen konnten Truppen und Nachschub schnell transportiert werden. Und gerade dieser militärische Aspekt war es, der für viele Politiker im 19. Jahrhundert der Eisenbahn zusätzliche Attraktivität verlieh. Vor allem im Krieg gegen Frankreich 1870/71 hat die schnelle Mobilisierung der Truppen mit der Eisenbahn eine entscheidende Rolle gespielt.

Frankfurt hat von der Eisenbahn enorm profitiert. Die Stadt war verkehrsgünstig gelegen und entwickelte sich schnell zu einem Knotenpunkt des Schienenverkehrs. Aber es dauerte noch bis 1888, bis in Frankfurt ein Zentralbahnhof entstand. Die kleineren Bahnhöfe hatten sich mit der Zeit als nicht geeignet erwiesen, die ständig steigende Zahl der Fahrgäste abzuwickeln. So wurde ein großer Hauptbahnhof geplant, und zwar auf einem Gelände, das damals noch außerhalb der Stadt lag. Sieht man sich die alten Fotos aus der Bauzeit des Hauptbahnhofes an, hat man ein seltsames Bild vor Augen: Ein riesiger Bau, der auf freiem Feld errichtet worden ist. Aber die Stadt ist sehr schnell an die Anlage herangewachsen. Und als der Bahnhof 1888 feierlich eröffnet wurde, konnte die „Frankfurter Zeitung" stolz vermelden, dass von nun an Frankfurt den größten Bahnhof Europas, ja vermutlich auch der ganzen Welt sein eigen nennen könne. Über dem Haupteingang trägt Atlas die Weltkugel auf seinen Schultern. Ihm zur Seite stehen Symbolfiguren für Dampf und Elektrizität, beinahe so, als wolle man sagen: Mit Dampf und

*Eine Kathedrale der neuen Zeit: Der Frankfurter Hauptbahnhof war bei seiner Einweihung ein riesiger Bau auf freiem Feld, an den die Stadt schnell heranwuchs.*

Elektrizität können wir die Welt aus den Angeln heben. So repräsentiert der Frankfurter Hauptbahnhof den großen Optimismus einer Zeit, in der nichts unmöglich schien.

Über die Jahre wurde der Bahnhof beständig ausgebaut. 1924 fügte man zwei äußere Hallen hinzu, 1971 begann der Bau der unterirdischen Anlagen. Dort ist heute das S-Bahn-Zentrum der Region; hier fahren täglich über 1.100 S-Bahnen durch. Nicht durchgesetzt hat sich die Idee, den Hauptbahnhof vom Kopf- zum Durchgangsbahnhof umzubauen. Die Züge wären dann unterirdisch in zwölf Tunnelröhren von Osten unter der Innenstadt nach Süden geführt worden. Doch die hohen Kosten eines solchen Umbaus haben dazu geführt, dass man die Pläne nicht weiter verfolgt hat.

Trotz Flugverkehr und trotz Autos ist die Bahn heute immer noch ein zentrales Verkehrsmittel. Über 350.000 Passagiere fahren täglich in den Bahnhof ein oder aus. Die Züge verbinden Frankfurt nicht nur mit der Region und den großen Metropolen Deutschlands, sondern ganz Europas. Längst sind die schnaubenden und stampfenden Loks modernen klimatisierten Hochgeschwindigkeitszügen gewichen. Aber noch heute geht von der Weite und der Größe des Hauptbahnhofs der Geist einer Zeit aus, für die die Eisenbahn der Gipfel des Fortschritts war.

## 1923: Eine Kurzstreckenfahrkarte für 90 Milliarden Mark

Es war eine verrückte Zeit im Herbst 1923. Täglich, dann stündlich verteuerten sich die Waren. Schließlich waren die Preise so aberwitzig hoch, dass kaum noch einer wusste, mit wie vielen Nullen die Zahlen geschrieben werden. Zwei Milliarden Mark für eine Zeitung, dann 90 Milliarden für eine Kurzstreckenfahrkarte, 210 Milliarden Mark für ein Ei, schließlich 4,2 Billionen Mark für ein Stück Wurst! Was war passiert?

Wenige Jahre zuvor hatte Deutschland den Ersten Weltkrieg verloren. Der Krieg war teuer, und teuer wurde auch der Frieden. Deutschland sollte nach dem Willen der siegreichen Mächte so genannte Reparationen zahlen, insgesamt 132 Milliarden Goldmark in Geld und Gütern. Schon nach Ende des Krieges war es zu einer langsamen Geldentwertung gekommen. Der Wert der Mark gegenüber dem amerikanischen Dollar war langsam aber stetig gesunken. Konnte man im Januar 1919 für knapp 9 Mark einen Dollar kaufen, musste man im Januar 1922 schon über 190 Mark dafür bezahlen. Einen solchen Vorgang bezeichnet man als Inflation. Sie entsteht dann, wenn das Gleichgewicht von Geld und Gütern gestört wird; und die deutsche Regierung hatte das Gleichgewicht gestört, indem sie zur Begleichung ihrer Schulden einfach mehr Geld drucken ließ.

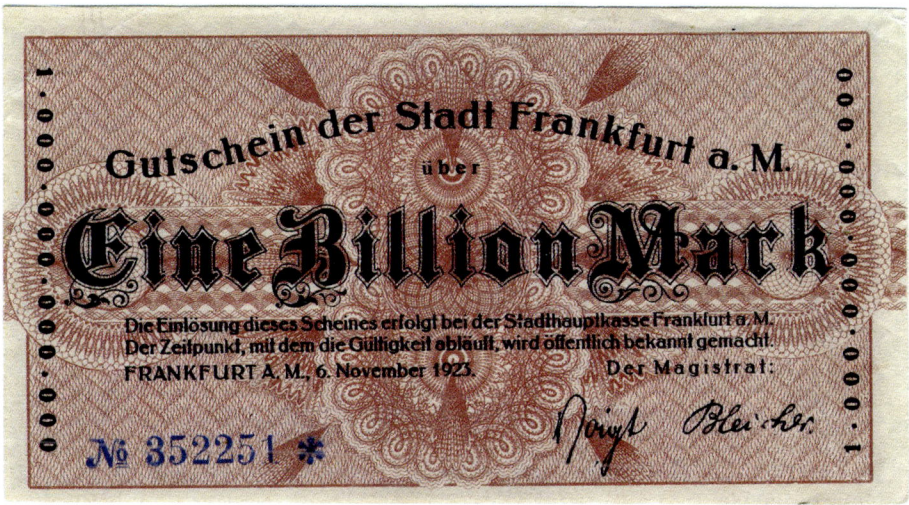

*„Nur" 1 Billion aus Frankfurt von den insgesamt 700 Trillionen Mark Notgeld, das von Städten, Gemeinden und Firmen gedruckt wurde. Die Reichsbank selbst hatte 524 Trillionen Mark drucken lassen. Eine Trillion ist eine Zahl mit 18 Nullen.*

1923 kam es wegen der Kriegsentschädigungen zum Konflikt mit den Siegermächten. Deutschland war mit der Erfüllung der Reparationsverpflichtung in Rückstand geraten. Frankreich besetzte daraufhin das Ruhrgebiet. Die deutsche Regierung rief zum passiven Widerstand auf, vor allem in den Kohlebergwerken. Dies hatte zur Folge, dass sie die streikenden Arbeiter bezahlen musste. Sie tat es auf gewohnte Weise, indem sie einfach mehr Geld druckte. Die Inflation verschlimmerte sich. Im Juli 1923 musste man schon 353.000 Mark für einen Dollar bezahlen, im August 4,5 Millionen Mark, im Oktober 23 Milliarden Mark, im November 4,2 Billionen Mark. Täglich, ja stündlich änderte sich der Wert des Geldes. Leidtragende waren diejenigen, die Ersparnisse hatten: Die Inflation fraß das Ersparte einfach auf. Die Ersparnisse eines ganzen Lebens waren in wenigen Wochen und Monaten nichts mehr wert. Schwierig war auch die Lage für diejenigen, die Lohn und Gehalt bezogen. Als die Inflation ihrem Höhepunkt entgegensteuerte, wurden sie täglich ausbezahlt und mussten schnell die Dinge des täglichen Lebens einkaufen, bevor ihr Geld weiter an Wert verlor. Die Frankfurter Zeitung etwa meldete am 22. November, dass der Lohn für die städtischen Arbei-

*Das nennt man eine „galoppierende Inflation“: Im November 1922 war das Glas Apfelwein noch für 15 Mark zu haben, ein Jahr später musste man dafür 100 Milliarden bezahlen.*

ter für die Zeit vom 11. bis 17. November nachträglich von 185 auf 325 Milliarden Mark erhöht worden ist – der Stundenlohn! Der Preis eines Brotes konnte sich innerhalb eines Tages schon deutlich nach oben bewegen. Der Tauschhandel blühte, denn auf Geld konnte man sich nicht mehr verlassen. Dann, mit einem Mal, hatte der Spuk ein Ende. Die Regierung führte eine neue Währung ein und legte fest, nach welchen Regeln altes in neues Geld umgetauscht werden konnte. Hatte die Frankfurter Zeitung am 23. November noch 100 Milliarden Mark gekostet, so war sie am 24. November für 15 Goldpfennig zu haben. Eine wahre Umrechnungs-Achterbahn!

Aber die neue Währung sollte stabil sein und berechenbar, damit nicht erneut Sparer, Rentner und Angestellte in Not und Elend abrutschten.

Gute Vorsätze sind eines, die Wirklichkeit war eine andere. Im Zweiten Weltkrieg war wiederum der Krieg zum Teil dadurch finanziert worden, dass einfach mehr Geld gedruckt wurde. Am Ende des Krieges war die Währung, die Reichsmark, weitgehend ruiniert. Es gab keine galoppierende Inflation wie 1923, aber viele Händler weigerten sich, das aus ihrer Sicht wertlose Geld anzunehmen. Wiederum blühte der Tauschhandel, als eine Art Ersatzwährung galten amerikanische Zigaretten. 1948 kam es zu einer erneuten Währungsreform, die den Deutschen die Deutsche Mark (DM) brachte. Wiederum hatten die Inflation und die nachfolgende Währungsreform vor allem die Sparer getroffen. Aber der Start in die neue Währung war ein glücklicher. Nach der Not und der Tauschwirtschaft der unmittelbaren Nachkriegsjahre und dem Mangel an den täglichen Gütern des Lebens waren mit einem Mal die Schaufenster wieder vol-

*Im November 1923 kostete eine kurze Fahrt mit der Straßenbahn 90 Millarden Mark. Wie mögen die Leute ihr Fahrgeld transportiert haben?*

ler Waren. Die Währungsreform 1948 war der Startschuss für das Wirtschaftswunder, den wirtschaftlichen Aufschwung der 1950er Jahre.

Um die neue Währung stabil zu halten, wurde eine Zentralbank errichtet; das war zunächst die Bank deutscher Länder, dann ab 1957 die Bundesbank. Die Bundesbank wurde gesetzlich verpflichtet, die Preise stabil zu halten, also eine Inflation zu verhindern. Dazu wurde ihr das Recht übertragen, Geld in Umlauf zu bringen, und zwar unabhängig von den Weisungen der Regierung. Die Bundesbank blieb zwar unabhängig, musste aber zugleich die Bundesregierung in ihrer Wirtschaftspolitik unterstützen. Sitz der Bundesbank wurde – wie es schon vorher bei der Bank deutscher Länder war – Frankfurt am Main. Über viele Jahrzehnte hat sie die DM stabil gehalten und dafür gesorgt, dass sich die Erfahrungen der Inflation nicht mehr wiederholen. Wenn man heute von dem Finanzplatz Frankfurt spricht, meint man sicherlich auch die großen Bankentürme der internationalen Banken und Finanzhäuser, aber beinahe wichtiger für die deutsche Geschichte der Nachkriegszeit war die Deutsche Bundesbank als Hüterin der DM. Sie genoss hohes Ansehen, weil die Menschen wussten, dass die Bundesbank nicht für politische Ziele die Währung ruinieren würde, wie es zwei deutsche Regierungen zuvor getan hatten.

In den neunziger Jahren wollte man die Einigung Europas weiter vorantreiben. Ein gemeinsamer Markt für Waren und Güter war schon beschlossen. Nun wagte man sich an ein ehrgeiziges Ziel: eine einheitliche Währung für Europa. Wo es vorher DM gab, Franc und Lira, Peseta, Krone, Pfund, Escudo, Drachmen oder Schillinge, sollte es jetzt eine Währung für ganz Europa geben: den Euro. 2002 war es so weit. Am ersten Januar, kurz nach Mitternacht, konnte man die ersten Münzen und Scheine an den Ausgabestellen erhalten. Vorausgegangen war der Einführung des Euro eine komplizierte Umrechnung der jeweiligen Landeswährungen. Ein Euro war 6,55 französische Franc, 1,95 Deutsche Mark, 1.936 italienische Lire. Für jede Währung wurde so festgelegt, wie viel der Euro wert ist.

Nicht alle Länder haben sich an der neuen Währung beteiligt. Einige Länder, wie Dänemark und England, wollten ihre eigene Währung behalten. In anderen Ländern verzögert sich die Einführung der neuen Währung; sie dürfen erst dann den Euro einführen, wenn sie bestimmte Voraussetzungen erfüllen. Denn auch der Euro soll nach dem Willen seiner „Erfinder" eine stabile Währung bleiben.

Den Deutschen ist der Abschied von der DM sicher nicht leichtgefallen. Sie war ja eine Erfolgsgeschichte und eng mit dem wirtschaftlichen Erfolg der Bundesrepublik nach dem Krieg verbunden. Deswegen war es wichtig, dass die neue Europäische Zentralbank ihren Sitz in Frankfurt am Main nahm. Das signalisierte: So wie die Deutsche Bundesbank über viele Jahrzehnte auf die Stabilität der Währung geachtet hatte, würde dies auch die neue Europäische Zentralbank tun. So werden heute die wichtigsten Entscheidungen in der europäischen Währungspolitik in Frankfurt am Main gefällt, und die Stadt beherbergt eine der wichtigsten europäischen Institutionen. Aber wenn in jenem November 1923 eine Kurzstreckenfahrkarte nicht den astronomischen Preis von 90 Milliarden Mark gekostet hätte, vielleicht hätte es dann weder eine Deutsche Bundesbank noch eine Europäische Zentralbank in Frankfurt gegeben.

## 1949: Eine nie gesendete Radioaufnahme

Die Dankesrede war schon fertig und aufgezeichnet. Ausgestrahlt aber wurde sie nie. Im Deutschen Rundfunkarchiv findet sich eine Aufnahme des Frankfurter Oberbürgermeisters Walter Kolb vom 9. Mai 1949. Darin bedankt er sich beim Parlamentarischen Rat, dass Frankfurt zum Sitz der neuen Bundesorgane gewählt worden ist. Frankfurt wäre damit zwar eine provisorische, aber doch die Hauptstadt der neu entstehenden Bundesrepublik geworden.

Frankfurt am Main – Hauptstadt der Bundesrepublik? Heute erscheint es fast unwirklich. Aber Frankfurt hatte nach dem Zweiten Weltkrieg tatsächlich einmal eine gute Chance, Sitz der

*Oberbürgermeister Walter Kolb setzte sich dafür ein, dass Frankfurt provisorische Hauptstadt der neuen Bundesrepublik wurde. Dieses bekannte Foto steht für den Wiederaufbau Frankfurts nach den Zerstörungen des Krieges. Es zeigt den Oberbürgermeister, wie er einen Bürgereinsatz zur Trümmerbeseitigung anführt.*

Bundesregierung zu werden. Nach dem Ende des Zweiten Weltkriegs war Deutschland in Besatzungszonen aufgeteilt worden. Es gab eine sowjetische Besatzungszone im Osten, eine amerikanische im Süden, eine britische im Norden und eine französische im Westen. Berlin bekam einen Sonderstatus. Die Stadt lag inmitten der sowjetischen Besatzungszone, wurde aber von den Besatzungsmächten gemeinsam regiert.

Geeint hatte die Alliierten der Krieg gegen Deutschland, aber im Frieden brachen vor allem die Gegensätze zwischen der Sowjetunion auf der einen Seite, den Vereinigten Staaten, Großbritannien und Frankreich auf der anderen Seite sofort wieder auf. Schon zwei Jahre nach dem Ende des Krieges war das Verhältnis vollkommen zerrüttet. Eine gemeinsame Politik für Deutschland oder Berlin war nicht mehr möglich. Die Situation spitzte sich schließlich im Jahr 1948 zu. Die Sowjetunion sperrte die Landwege von den westlichen Besatzungszonen nach Berlin. Die westlichen Sektoren Berlins waren damit abgeschnitten; sie mussten auf dem Luftweg versorgt werden. Mehr als die Hälfte aller Transportflugzeuge startete vom Frankfurter Flughafen. Dort erinnert heute ein Denkmal an die Luftbrücke.

In Berlin geschah das im Kleinen, was in Deutschland sich im Großen ereignete. Die drei westlichen Besatzungsgebiete einerseits und die sowjetische Zone andererseits entwickelten sich immer mehr auseinander. Daher lag der Gedanke nahe, die drei westlichen Besatzungszonen zusammenzuschließen und einen demokratischen deutschen Staat zu errichten. Nach Lage der Dinge konnte aber der Sitz des Parlaments und der Regierung nicht in Berlin sein, weil die Stadt ja geographisch in der sowjetischen Besatzungszone lag. So wurde sehr bald die Frage gestellt: Wenn ein Staat aus den drei westlichen Zonen gegründet wird, von wo aus wird er dann regiert?

Nun kam Frankfurt ins Spiel. Frankfurt lag in der amerikanischen Besatzungszone und war Sitz der amerikanischen Militärregierung. Im Jahr 1947 kam noch eine weitere Funktion hinzu. Die amerikanischen und britischen Besatzungsbehörden hatten beschlossen, ihre beiden Zonen zu einem Wirtschaftsraum zusammenzuschließen, zur so genannten Bizone. Dafür sollte es deutsche Fachverwaltungen geben sowie einen Wirtschaftsrat und einen Exekutivrat. „Hauptstadt" der Bizone wurde Frankfurt, was der Stadt aber auch Verpflichtungen auferlegte. In kurzer Zeit musste Wohnraum für die vielen Mitarbeiter der Bizonenverwaltung und ihre Familienangehörigen zur Verfügung gestellt werden, ebenso Büroraum. Das war in der im Krieg stark zerstörten Stadt keine einfache Aufgabe. Aber sie ist erfolgreich bewältigt worden.

Konnte man nun die Bizone nicht einfach um die französische Zone erweitern, um damit eine Grundlage für einen neuen deutschen Staat zu haben?

Dann wäre auch die Hauptstadtfrage schnell geklärt gewesen, und zwar zugunsten Frankfurts. So einfach wollten es sich die Alliierten aber nicht machen. Sie riefen einen Parlamentarischen Rat zusammen, der eine Verfassung für den neuen Staat ausarbeiten sollte. Präsident des Parlamentarischen Rates wurde der Rheinländer Konrad Adenauer, der damals schon 73 Jahre alt war, aber erst am Anfang einer erstaunlichen politischen Karriere stand. Er wurde nämlich 1949 der erste Bundeskanzler der Bundesrepublik und blieb es vierzehn Jahre lang.

Adenauer war von 1917 bis 1933 Oberbürgermeister der Stadt Köln gewesen und wohnte nun in Rhöndorf, einem kleinen Ort in der Nähe von Bonn. Die Universitätsstadt Bonn war mehr zufällig zum Tagungsort des Parlamentarischen Rates bestimmt worden. Ein Chronist urteilt, dass die Ministerpräsidenten sich für Bonn entschieden hatten weil sie sicher waren, dass diese beschauliche Provinzstadt am Rhein auf keinen Fall Hauptstadt werden würde. Alles dort war improvisiert, vorläufig. Es gab zu wenige Unterkünfte in Bonn, auch keine geeigneten Tagungsräume. Die Eröffnungsfeier des Parlamentarischen Rates hatte im Naturkundemuseum inmitten ausgestopfter Tiere stattge-

*So karikierte eine Zeitung den Hauptstadtstreit: Bonn und Frankfurt bauen in der Hoffnung, Hauptstadt zu werden, und der kleine Mann muss dafür mit seinen Steuern bezahlen.*

funden. Aber Adenauer nutzte als Präsident des Parlamentarischen Rates die Gunst der Stunde. Ob man vielleicht die Regierung in Bonn und die Verwaltung in Frankfurt ansiedeln solle, wollte er wissen. Der Frankfurter Oberbürgermeister Kolb konterte umgehend und ein wenig grob, es könne doch nicht angehen, dass der Bund den Kopf in Bonn und den Hintern in Frankfurt habe. Doch langsam senkte sich die Waage zugunsten Bonns, wobei mit nicht immer ganz feinen Methoden nachgeholfen wurde. Als am 10. Mai 1949 der Parlamentarische Rat in einer geheimen Abstimmung über den Sitz der neuen Bundesorgane abstimmte, lag Bonn mit 33 zu 29 Stimmen gegenüber Frankfurt vorne. Bonn sollte nur vorläufig Hauptstadt sein, bis alle vier Zonen wieder vereint sind. Aber manchmal dauert in der Politik das Vorläufige doch sehr lange.

Die Tonbandaufnahme Kolbs musste also, ohne ausgestrahlt zu werden, ins Archiv wandern. Doch ganz aufgegeben hatten die Frankfurter den Kampf um die Bundeshauptstadt noch nicht. Sollte nicht erst der neu gewählte Bundestag endgültig darüber entscheiden, wie es auch der Parlamentarische Rat vorgesehen hatte? Am 3. November 1949 kam es zur Abstimmung im Deutschen Bundestag. Diesmal verlor Frankfurt deutlich: Nur 176 von 402 Abgeordneten stimmten für einen Umzug nach Frankfurt. „Wider die Vernunft", titelte die Frankfurter Allgemeine Zeitung nach der Entscheidung. Aber die Entscheidung war endgültig.

Die Stadt hat sich mit der neuen Situation schnell abgefunden. Aus dem geplanten Tagungssaal für den Deutschen Bundestag wurde der Sendesaal des Hessischen Rundfunks. Oberbürgermeister Kolb erklärte, mit oder ohne Bundeshauptstadt werde Frankfurt seinen Weg gehen. Vielleicht wäre heute Frankfurt nicht Sitz der Europäischen Zentralbank und ein internationaler Finanz- und Wirtschaftsstandort, wenn die Entscheidung 1949 anders ausgefallen wäre.

Viele Jahre später, im Jahr 1991, wurde die Frage nach dem Sitz von Bundestag und Bundesregierung erneut beraten. Ein Jahr zuvor war Deutschland wieder vereinigt worden. Im Vereinigungsvertrag zwischen den beiden deutschen Staaten hatte man festgelegt: Berlin ist die Hauptstadt des vereinigten Deutschland. Über die Frage, wo der Regierungssitz ist, sollte der Deutsche Bundestag entscheiden. Diesmal war es eine Entscheidung gegen Bonn. Seither sitzen die obersten Regierungsorgane der Bundesrepublik in Berlin. Bonn hatte als provisorische Hauptstadt der Bundesrepublik ausgedient. Eine Entscheidung gegen Frankfurt wäre 1991 vielleicht ungleich schwerer gewesen. Zum einen hat Frankfurt ja eine lange Tradition als zentraler Ort deutscher Politik, angefangen von den Kaiserkrönungen bis hin zum Sitz der ersten frei gewählten Nationalversammlung in der Paulskirche 1848. Es ist also ein Ort voller historischer Erinnerung, und Erinnerung kann Entscheidungen sehr bestimmen. Aber Frankfurt hätte sich vielleicht auch als Messe- und Handelszentrum, als zentraler Verkehrsknotenpunkt und als Hauptstadt seit 1949 mit einem ganz anderen Gewicht präsentieren können als Bonn. Somit hat von der Entscheidung im Jahr 1949 Berlin nach der Vereinigung im Jahr 1991 sicherlich auch noch profitieren können.

*Frankfurt wollte Hauptstadt werden und baute schon einen Saal für den Deutschen Bundestag, aus dem dann der Sendesaal des Hessischen Rundfunks wurde.*

# Weiterführende Literatur

Am Ende eines Buches angelangt ist man vielleicht neugierig geworden. Wo kann ich mehr über die Themen erfahren, vielleicht auch andere Geschichten aus Frankfurt lesen? Über die Stadt Frankfurt, ihre Geschichte, ihre Plätze und Bauten und ihre Menschen gibt es viele Bücher und Aufsätze. Einige davon haben wir beim Schreiben des Buches zu Rate gezogen. Davon wollen wir nun berichten, weil es vielleicht hilft, die Vielzahl des Schrifttums etwas einzugrenzen.

## Nachschlagewerke

Frankfurter Biographie. Personengeschichtliches Lexikon. Im Auftr. der Frankfurter Historischen Kommission hrsg. von Wolfgang Klötzer. Band 1, Frankfurt am Main 1994; Band 2: Frankfurt am Main 1996.

Frankfurt Chronik, hrsg. von Waldemar Kramer. Frankfurt am Main 1977.

Bilderatlas zur Geschichte der Stadt Frankfurt am Main, hrsg. von Bernard Müller. Frankfurt am Main 1916.

## Überblicksdarstellungen und Sammlungen

Balser, Frolinde, Aus Trümmern zu einem europäischen Zentrum. Geschichte der Stadt Frankfurt am Main 1945-1989. Sigmaringen 1995.

Bendix, Werner, Die Hauptstadt des Wirtschaftswunders. Frankfurt am Main 1945-1956. Frankfurt am Main 2002.

Bothe, Friedrich, Geschichte der Stadt Frankfurt am Main. Frankfurt am Main 1913.

Fischer, Roman, Frankfurts Beitrag für das heutige Hessen. Wiesbaden 1990.

Frankfurt am Main: Die Geschichte der Stadt in neun Beiträgen, hrsg. von der Frankfurter Historischen Kommission. Sigmaringen 1991.

Gall, Lothar (Hrsg.), FFM 1200. Traditionen und Perspektiven einer Stadt. Sigmaringen 1994.

Heckmann, Herbert, Frankfurter Lesebuch. Literarische Streifzüge durch Frankfurt von der Gründung bis 1933. Frankfurt am Main 1985.

Klötzer, Wolfgang, Frankfurt 1866. Eine Dokumentation aus deutschen Zeitungen. Frankfurt am Main 1966.

Lorei, Madlen und Richard Kirn, Frankfurt und die goldenen zwanziger Jahre. Frankfurt am Main 1981.

Mack, Ernst, Von der Steinzeit zur Stauferstadt. Die frühe Geschichte von Frankfurt am Main. Frankfurt am Main 1994.

Voelcker, Heinrich (Hrsg.), Die Stadt Goethes. Frankfurt am Main im XVIII. Jahrhundert, Frankfurt am Main 1982.

## Geschichten und Anekdoten

Gerteis, Walter, Das unbekannte Frankfurt. 3 Bände, Frankfurt am Main 1961-1963.

Bode, Helmut, Frankfurter Sagenschatz, Sagen und sagenhafte Geschichten, nach den Quellen und älteren Sammlungen sowie der Lersner'schen Chronik. Frankfurt am Main 1978.

Leweke, Wendelin, Geschichten am Rande der Geschichte. 1200 Jahre Frankfurt am Main. Frankfurt am Main 1992.

## Über Personen

Bauer, Thomas, „Seid einig für unsere Stadt". Walter Kolb – ein Frankfurter Oberbürgermeister 1946-1956. Frankfurt am Main 1996.

Bauer, Thomas, Johann Christian Senckenberg. Eine Frankfurter Biographie. Frankfurt am Main 2007.

Birkner, Siegfried, Goethes Gretchen. Das Leben und Sterben der Kindsmörderin Susanna Margaretha Brandt. Frankfurt am Main 1999.

Fried, Johannes u. a., 794. Karl der Große in Frankfurt am Main. Ein König bei der Arbeit. Sigmaringen 1994.

Heuberger, Georg (Hrsg.), Die Rothschilds. Band 1: Eine europäische Familie. Band 2: Beiträge zur Geschichte einer europäischen Familie. Sigmaringen und Frankfurt am Main 1994.

Hoede, Roland und Thomas Bauer, Heinrich Hoffmann – Ein Leben zwischen Witz und Wahn. Frankfurt am Main 1994.

Hoffmann, Hilmar, Die großen Frankfurter: ehrenwürdige Bürger und Ehrenbürger; von Karl dem Großen bis Friedrich von Metzler. Frankfurt am Main 2005.

Kühn, Dieter, Clara Schumann, Klavier: Ein Lebensbuch. Frankfurt am Main 1998.

Kühn, Dieter, Frau Merian! Eine Lebensgeschichte. Frankfurt am Main 2003.

Morton, Frederic, Die Rothschilds : Porträt einer Dynastie. Wien 2004.

Sarkowicz, Hans (Hrsg.), Die großen Frankfurter. Frankfurt am Main 1994.

Wustmann, Silke, Die Einbürgerung der italienischen Kaufmannfamilie Bolongaro in Frankfurt am Main, in: Archiv für Frankfurts Geschichte und Kunst, Band 68, Frankfurt am Main 2002, S. 327-374.

## Über Orte

Brockhoff, Evelyn und Sabine Hock, Die Paulskirche. Symbol demokratischer Freiheit und nationaler Einheit. Frankfurt am Main 1998.

Mick, Günter, Die Paulskirche: Streiten für Einigkeit und Recht und Freiheit. Frankfurt am Main 1997.

Pehl, Hans, Kaiser und Könige im Römer. Frankfurt am Main 1980.

Schomann, Heinz, Der Frankfurter Hauptbahnhof. Stuttgart 1983.

## Über Ereignisse

Brandt, Robert, Olaf Cunitz, Jan Ermel und Michael Graf, Der Fettmilch-Aufstand. Bürgerunruhen und Judenfeindschaft in Frankfurt am Main 1612-1616. Frankfurt am Main 1996.

Haupt, Herman, Voltaire in Frankfurt 1753 mit Benutzung von ungedruckten Akten und Briefen des Dichters. Chemnitz 1909.

Köstlin, C. Reinhold, Auerswald und Lichnowsky. Ein Zeitbild nach den Akten des Appelations-Gerichtes zu Frankfurt am Main. Tübingen 1853.

Meyn, Matthias, Die Reichsstadt Frankfurt am Main vor dem Bürgeraufstand von 1612 bis 1614. Frankfurt am Main 1980.

Orth, Elsbet, Die Fehden der Reichsstadt Frankfurt am Main im Spätmittelalter, Wiesbaden 1998.

## Hilfreiche Links

www.frankfurt.de
Der offizielle Internetauftritt der Stadt Frankfurt mit vielen Links

www.judengasse.de
Eine Dokumentation der Geschichte der Judengasse und ihrer Bewohner

www.stadtgeschichte-ffm.de
Internetauftritt des Instituts für Stadtgeschichte

www.museumsbibliotheken.frankfurt.de
Ein Internetportal zur Literatursuche in allen Museumsbibliotheken der Stadt

www.altfrankfurt.com
Mit vielen alten Fotos; zweisprachig englisch/deutsch

www.geschichte-frankfurt.de
Internetauftritt der Gesellschaft für Frankfurter Geschichte

www.juedischesmuseum.de
Internetauftritt des Jüdischen Museums in Frankfurt

www.frankhistkom.de
Internetauftritt der Frankfurter Historischen Kommission

www.frankfurt1933-1945.de
Wissensportal zur Geschichte Frankfurts im Dritten Reich

www.goethezeitportal.de
Hilfreiches Link für Goethe und seine Zeit, mit Angeboten für Jugendliche,
aber auch für Wissenschaftler

www.geldmuseum.de
Auftritt des Geldmuseums der deutschen Bundesbank

# ZEITTAFEL

**794**
In einer Urkunde Karls des Großen wird Frankfurt - "Franconofurd" - erstmals
erwähnt; archäologische Funde belegen allerdings eine ältere Besiedlung.

**852**
Die Pfalzkapelle wird als Vorläuferbau des heutigen Doms geweiht. Frankfurt
ist neben Regensburg ein Hauptsitz des ostfränkischen Reichs.

**855**
Lothar II. wird zum Herrscher von Lothringen bestimmt; Frankfurt wird für
viele Jahrhunderte Schauplatz für Reichspolitik und Königswahl.

**1150**
Jüdische Quellen erwähnen erstmals eine Frankfurter Herbstmesse. 1227 wird
die Messe erstmals in einer Königsurkunde genannt.

**1152**
Der Staufer Friedrich I. Barbarossa wird als erster regierender König in Frankfurt am Main gewählt. Fünf Jahre zuvor hatte Konrad III. hier seinen minder-
jährigen Sohn Heinrich (IV.) zum König wählen lassen. Er starb jedoch bereits
vor seinem Vater.

**1254**
Im Interregnum tritt Frankfurt dem Rheinischen Städtebund bei, dessen Mitglieder einen allgemeinen Landfrieden schließen.

**1266**
Neben dem vom König bestellten Schultheißen werden in den Urkunden erstmals Ratsherren als Vertreter der Bürgerschaft genannt.

**1297**
Im „Ersten Stadtrecht" werden eine Reihe von Frankfurter Rechten und Freiheiten aufgezeichnet.

**1311**

Frankfurt erhält eine bürgerliche Selbstverwaltung mit zwei aus dem Rat gewählten Bürgermeistern.

**1329**

Kaiser Ludwig der Baier gestattet eine zweite Messe, die als "Frühjahrsmesse" zu einer Drehscheibe des Fernhandels wird. Die Messen finden auf dem Römerberg statt.

**1356**

In der Goldenen Bulle bestätigt Kaiser Karl IV. Frankfurt als Stätte der deutschen Königswahl.

**1372**

Frankfurt erwirbt die Pfandschaft u. a. über das Reichsschultheißenamt: Ein wichtiger Schritt hin zur selbständigen Reichsstadt mit eigener Verwaltung, Finanz- und Gerichtshoheit.

**1389**

In der Schlacht bei Eschborn erleidet ein Frankfurter Heer eine schwere Niederlage gegen eine Streitmacht von Burgherren im Taunus.

**1405**

Der Rat erwirbt die Häuser zum "Römer" und den "Goldenen Schwan" und richtet sie als Rathaus ein.

**1462**

Die Frankfurter Juden werden auf kaiserlichen Befehl in ein Ghetto am Rande der Stadt, die Judengasse, umgesiedelt.

**1478**

Die ersten Buchhändler erscheinen auf der Frankfurter Messe.

**1522 / 24**

Die Reformation kommt nach Frankfurt; die ersten evangelischen Predigten werden gehalten.

**1525**
Während des Bauernkrieges kommt es auch in Frankfurt zu einem Aufstand der Zünfte.

**Ab etwa 1530**
Frankfurt entwickelt sich zu einem Zentrum des Buchdrucks und Buchhandels in Europa.

**1555**
Der Augsburger Religionsfriede regelt das Nebeneinander von katholischer und evangelischer Konfession im Reich und damit auch in Frankfurt. Zunehmend lassen sich protestantische Glaubensflüchtlinge aus den spanischen Niederlanden und aus England nieder.

**1562**
Kaiser Maximilian II. wird in Frankfurt gewählt und zugleich zum Kaiser gekrönt. Damit wird Frankfurt an der Stelle von Aachen auch Krönungsstadt.

**1585**
Aus dem Wechsel- und Geldgeschäften der Messekaufleute entsteht ein regelrechter Börsenverkehr.

**1612-1614**
Ein Streit zwischen Rat und Bürgerschaft mündet in einen Aufstand unter Führung des Vinzenz Fettmilch. Die Judengasse wird geplündert, alle Frankfurter Juden werden vertrieben.

**1631-1635**
Während des Dreißigjährigen Kriegs hält die schwedische Armee Frankfurt besetzt.

**1685**
Infolge der Aufhebung des Edikts von Nantes lassen sich hugenottische Glaubensflüchtlinge nieder.

**1699**
Maria Sibylla Merian unternimmt eine zweijährige Forschungsreise nach Südostasien.

**1711/19**
Zwei große Brände zerstören die Judengasse und große Teile der Altstadt.

**1753**
Der französische Philosoph Voltaire wird auf Betreiben Friedrichs des Großen in Frankfurt inhaftiert.

**1759 - 1763**
Frankfurt wird im Siebenjährigen Krieg von den Franzosen besetzt. Auf französische Initiative hin werden Straßenbeleuchtung, Straßenbeschilderung und Häusernummerierung verbessert.

**1764**
Mayer Amschel Rothschild betätigt sich als Händler und Geldwechsler, woraus später das internationale Finanzimperium der Rothschilds entsteht.

**1769**
Der Stadtarzt Johann Christian Senckenberg beginnt mit dem Bau des Bürgerhospitals, für das er mit seinem Vermögen eine Stiftung errichtet hat.

**1772**
Die Kindsmörderin Susanna Margaretha Brandt wird hingerichtet; Johann Wolfgang Goethe verfolgt den Prozess.

**1783**
Die Kaufmannsfamilie Bolongaro bezieht ihren Palast in Höchst.

**1792**
Französische Revolutionstruppen besetzen für kurze Zeit Frankfurt. Zur Erinnerung an die Rückeroberung entsteht das Hessendenkmal.

**1798**
Die Freiheitsideen der französischen Revolution führen in Frankfurt zu Unruhen durch mehrere Zünfte.

**1805**
Die Stadtbefestigungen werden abgebaut, die Wallanlagen in einen Park umgewandelt.

## 1806
Mit der Auflösung des Alten Reiches verliert Frankfurt seine Reichsunmittelbarkeit, es wird dem Fürstprimas des Rheinbundes, Carl Theodor von Dalberg, unterstellt, unter dem es 1810 Großherzogtum wird.

## 1815
Der Wiener Kongress beschließt, dass der Deutsche Bund aus 35 Fürsten und 4 freien Städten an die Stelle des Heiligen Römischen Reichs Deutscher Nation tritt und die oberste Behörde der Bundestag in Frankfurt am Main ist.

## 1816
Die Freie Stadt Frankfurt (seit 1815) gibt sich mit der Konstitutionsergänzungsakte eine neue Verfassung.

## 1820
An der Frankfurter Börse wird die erste Aktie gehandelt.

## 1833
Mit dem – gescheiterten – Frankfurter Wachensturm soll der Bundestag gestürzt und die Republik eingeführt werden.

## 1839
Mit Eröffnung der Taunusbahn von Frankfurt nach Wiesbaden hält die Eisenbahn Einzug in Frankfurt.

## 1845
Der Arzt Heinrich Hoffmann lässt den „Struwwelpeter" drucken

## 1848/49
Das „Paulskirchenparlament" erarbeitet eine neue Reichsverfassung, die aber am Widerstand der Fürsten scheitert.

## 1866
Nach dem Sieg Preußens über Österreich wird der Deutsche Bund aufgelöst. Frankfurt wird von Preußen annektiert und verliert seine politische Selbständigkeit. Bürgermeister Fellner nimmt sich das Leben.

**1877**

Mit der Eingemeindung von Bornheim beginnt die Stadterweiterung Frankfurts im 19. Jahrhundert. Weitere Eingemeindungen folgen ab 1895.

**1878**

Clara Schumann tritt eine Lehrerstelle im Dr. Hoch'schen Konservatorium an.

**1879**

Die Börse bezieht ihr neues Domizil am Börsenplatz. Frankfurt hat eine Führungsrolle als zentraler Banken- und Börsenplatz.

**1880**

Der Bau der Frankfurter Oper wird weitgehend durch Spenden reicher Bürger finanziert.

**1888**

In der Nacht zum 18. August legen Arbeiter die letzten Verbindungsgleise. Am Morgen fährt der erste Zug in die neuen Frankfurter Bahnhofshallen ein.

**1891-1912**

Unter Oberbürgermeister Franz Adickes entwickelt sich Frankfurt zu einer modernen Messe-, Industrie- und Handelsstadt.

**1912**

Am Rebstock wird der erste Frankfurter Flughafen, ein Landeplatz für Luftschiffe, in Betrieb genommen.

**1914**

Aus verschiedenen Stiftungen reicher Bürgerfamilien entsteht die Frankfurter Universität, die 1932 den Namen Johann Wolfgang Goethe-Universität erhält.

**1914-1918**

Während des Ersten Weltkriegs wird Frankfurt Ziel von 11 Fliegerangriffen. Die Novemberrevolution von 1918 führt auch in Frankfurt zur Bildung eines Arbeiter- und Soldatenrats.

**1925**

Eröffnung des Waldstadions.

1933
Nach der Kommunalwahl im März erobern die Nationalsozialisten das Rathaus.

1936
Im Stadtwald wird der Rhein-Main-Flughafen eröffnet. Der Flughafen am Rebstock wird bis 1945 noch für militärische Zwecke genutzt.

1938
In der Pogromnacht am 9./10. November werden die Synagogen und jüdischen Einrichtungen zerstört. Von Oktober 1941 an werden insgesamt 9.415 Juden aus Frankfurt deportiert und in Konzentrationslagern ermordet.

1943/44
Innenstadt und Altstadt Frankfurts werden durch Luftangriffe ab Herbst 1943 fast vollständig zerstört.

1945
Der Einmarsch amerikanischer Soldaten am 26. März 1945 beendet die nationalsozialistische Diktatur und den Zweiten Weltkrieg in Frankfurt.

1946
Beginn von Trümmerbeseitigung und Wiederaufbau.

1947
Die Länder der amerikanischen, britischen und französischen Zone erhalten eine übergeordnete Verwaltung. Der Wirtschaftsrat hat seinen Sitz in Frankfurt. Die „Bank deutscher Länder" organisiert im Folgejahr die Währungsreform.

1948
Am 18. Mai finden die Feierlichkeiten zum Jahrhundertjubiläum der „48er Revolution" in der wieder aufgebauten Paulskirche statt.

1949
Frankfurt und Bonn stehen als mögliche Hauptstadt der neuen Bundesrepublik Deutschland zur Diskussion. Die Wahl fällt auf Bonn. In der Paulskirche findet die erste Buchmesse nach dem Krieg statt.

1949
Frankfurt und das Rhein-Maingebiet entwickeln sich schnell zu einem bedeutenden Wirtschafts- und Finanzzentrum.

1949
Im Mai wird auf dem Frankfurter Flughafen der zivile Luftverkehr wieder aufgenommen.

1957
Am 1. August 1957 nimmt die Deutsche Bundesbank als Nachfolger der „Bank deutscher Länder" ihre Geschäfte auf.

1960
Lyon wird zur ersten Partnerstadt Frankfurts.

1968
Mit der Eröffnung einer neuen U-Bahn-Linie beginnt die Verwirklichung eines neuen Nahverkehrskonzepts.

1984
Mit Eröffnung des Filmmuseums und des Deutschen Architekturmuseums beginnt der Ausbau des Museumsufers.

1995
Im Eurotower, dem ehemaligen BfG-Hochhaus, nimmt das Europäische Währungsinstitut, Vorläufer der heutigen Europäischen Zentralbank, seine Arbeit auf.

1997
Seit Anfang der 80er Jahre wird das Bild der Innenstadt zunehmend von Hochhäusern bestimmt. Der Messeturm (256 m) und der 1997 fertiggestellte Commerzbanktower (258 m) zählen zu den höchsten Bürohochhäusern Europas.

1998
Aus dem Europäischen Währungsinstitut wird die Europäische Zentralbank.

2006
Von Frankfurt aus organisiert das Organisationskomitee der FIFA die Fußballweltmeisterschaft.

# Abbildungsnachweis

| | |
|---|---|
| Archiv des Hessischen Rundfunks | S. 129 |
| Freies Deutsches Hochstift | S. 28 |
| Geldmuseum der Deutschen Bundesbank | S. 121 |
| Historisches Museum Frankfurt, 2982/12 | S. 15, 16, 20, 22, 23, 36, 38, 43, 57, 70, 71, 76, 84, 94, 102, 105 |
| Horst Baerenz-Cao | S. 26, 32, 54, 83, 101, 106, 123 |
| Institut für Stadtgeschichte, Frankfurt | S. 12, 18, 27, 31, 39, 42, 44, 49, 50, 59, 61, 62, 64, 67, 72, 75, 79, 87, 90, 92, 107, 110, 111, 113, 114, 115, 118, 119, 122, 125 |
| Rainer Rüffer | S. 35, 65 |
| Rhein-Neckar-Zeitung, 30. Juni 1949 | S. 127 |
| Sammlung Manskopf | S. 53 |
| Universitätsbibliothek Johann Christian Senckenberg, Frankfurt | S. 81 |
| Ursula Seitz-Grey/Waldemar Kramer Verlag | S. 11 |